【中国人格读库】

国家新闻出版广电总局

培育和践行社会主义核心价值观主题出版重点出版物

东北抗日义勇军

高占祥 主编

张华 著

北京时代华文书局

图书在版编目（CIP）数据

东北抗日义勇军 / 张华著． -- 北京 ：北京时代华文书局，2016.1（2022.3 重印）
（中国人格读库 / 高占祥主编）
ISBN 978-7-80769-277-5

Ⅰ．①东… Ⅱ．①张… Ⅲ．①东北抗日义勇军－青少年读物 Ⅳ．① K264.309

中国版本图书馆 CIP 数据核字（2016）第 001244 号

东 北 抗 日 义 勇 军
Dongbei Kangri Yiyongjun

主　　编 | 高占祥
著　　者 | 张　华

出 版 人 | 陈　涛
责任编辑 | 邢　楠
装帧设计 | 程　慧　段文辉
责任印制 | 訾　敬

出版发行 | 北京时代华文书局 http://www.bjsdsj.com.cn
　　　　　北京市东城区安定门外大街 138 号皇城国际大厦 A 座 8 楼
　　　　　邮编：100011　电话：010 - 64267955　64267677
印　　刷 | 三河市嵩川印刷有限公司　0316 - 3650395
　　　　　（如发现印装质量问题，请与印刷厂联系调换）
开　　本 | 787mm×1092mm　1/16　　印　张 | 10.5　字　数 | 100 千字
版　　次 | 2016 年 1 月第 1 版　　　　印　次 | 2022 年 3 月第 3 次印刷
书　　号 | ISBN 978-7-80769-277-5
定　　价 | 38.00 元

《中国人格读库》编委会

社会主义核心价值观与中国人格

周殿富

　　社会主义制度在中国已经建立了六十余年，而我们党则在本世纪初叶提出了培育弘扬社会主义核心价值观的重大课题，显然是其来有自。

　　社会主义的道德风尚在新中国蔚然兴起，曾经那样地风靡于二十世纪中叶。邓小平同志曾经在改革开放中讲过，当年"这种风气不仅是中国历史上从来没有过的，而且受到了世界人民的赞誉"。然而可惜的是，这个在社会主义制度建立与实践中，同步兴起的社会主义道德风尚的成长道路，却是一波四折。半个多世纪以来，它先是与共和国一道遭受了十年"文革"的浩劫；接着便是全党工作重心转移到改革开放进程中，欧风美雨"里出外进"的浸洗濡染；再接着是西方"和平演变"在东欧得手的强烈震荡与冲击；最后又是市场经济中那两只"看不见的手"在搅动着、嬗变着人们的价值取向。至少在国民中出现了价值观上的多层次化，传统美德的弱化，社会道德文明水准的退化，光荣革命传统的淡化，这也许正是中央在本世纪初提出社会主义核心价值观的原因吧。

不管怎么"变"，怎么"化"，当我们回首来时路，却不能不说，中华民族真的很强大，很值得骄傲。人类经历了几千年的文明进程，堪称世界文化之源的"五大文明古国"，其他四大古国文明都已被历史淘汰灭亡，只有中国成了唯一的延续存在。近现代即使那般的积贫积弱，被西方列强豆剖瓜分、弱肉强食，想亡我中华都不可能，就连最强大的美帝国主义，最凶残的日本军国主义都成为我们的手下败将，而且打出了一个新中国，且跨过整整一个历史阶段，直接进入了社会主义。西方敌对势力几十年不遗余力地对新中国百般围剿，"冷战""热战""和平演变"手段用尽，连如此强大的前苏联乃至整个苏东阵营都被瓦解了，而社会主义的旗帜仍旧在960万平方公里的土地上高高飘扬，而且昂首挺胸地屹立在世界的东方，中国真的是太强大了。几十年来的瞩目成就，竟然令西方发出了"中国威胁论"。你管他别有用心也好，言过其实也好，总比让别人说我们是"瓷器"，是"东亚病夫"好吧？1840～1949年的一百零九年间，中国尽受别人的欺负、"威胁"了，我们也能让那些昔日列强有点"威胁感"，又有什么不好？更何况这是他们自己说的啊！我们并没吹嘘，也没有去做。几千年来我们侵略过谁呢？"反战""非攻""兼相爱，交相利"，中国古有墨子，近有周恩来、邓小平同志。这也是中华民族固有传统美德的延续吧！

生于忧患，死于安乐，这也当是中华民族的一个传统美德吧？几十年来尽管中国如此繁荣兴旺，但从邓小平生前一直到党的"十八大"以来，无论哪一届中央领导集体，从来都没有忘记过国之忧患。忧在何处，患在何处呢？

二十世纪八十年代末，邓小平同志曾经在半年的时间内四次提到：中国改革开放十年最大的失误在教育，在"对青年的政治思想教育抓得不够""对人民的教育不够"，足见他的痛心疾首。他晚年时又提到了"国格"与"人格"的问题，讲道："谈到人格，但不要忘记还有一个国格。特别是像我们这样第三世界的发展中国家，没有民族自尊心，不珍惜自己民族的独立，国家是立不起来的。"

（精装版《邓小平文选》第3卷331页。）

人们很少注意到邓小平的这一段话，但邓小平恰恰是在这里把"国格""人格"提升到了事关"立国"的高度。

那么，什么是我们社会主义的"国格"呢？邓小平讲得很明白："民族自尊心""民族的独立"。

新中国一路走来，我们最大的尊严便是完全靠"自力"，靠"艰苦奋斗"，而达"更生"之境。对西方敌对势力的"冷战""热战""和平演变"，我们何曾有过屈服？也正是在这一前提下，我们才有真正的"民族独立"。这就是我们的国格。那么什么是我们中国人的人格呢？邓小平同志在这里没有讲，但他在1978年4月22日召开的全国教育工作会议上的讲话中，在讲到我们的教育培养目标时，至少提到与社会主义人格相关的各个方面：革命的理想，共产主义的品德，勤奋学习，严守纪律，艰苦奋斗，努力上进，爱祖国，爱人民，爱劳动，爱科学，爱护公共财产，助人为乐，英勇对敌，集体主义精神，专心致志地为人民工作，等等。这里的哪一条不属于社会主义人格的范畴呢？

2006年党的十六届三中全会，第一次提出了"建设社会主义核心价值体系"的历史性命题和战略任务。2007

年，胡锦涛同志在"6·25"讲话中又具体提出这个"体系"包括四个方面的内容：①马克思主义的指导思想；②中国特色社会主义共同理想；③以爱国主义为核心的民族精神和以改革创新为核心的时代精神；④社会主义荣辱观。这四个方面，一是信仰，二是理想，三是精神，四是道德文明，哪一个不在社会主义人格的范畴之内呢？党的十七届六中全会又提到了社会主义核心价值体系是"兴国之魂"。

2012年11月，在党的"十八大"上又用"三个倡导"把社会主义核心价值观概括为十二项：①倡导富强、民主、文明、和谐；②倡导自由、平等、公正、法制；③倡导爱国、敬业、诚信、友善。而且中办文件又把这"三个倡导"分为三个层面：第一个"倡导"的四项，是国家层面的价值目标；第二个"倡导"的四项，是社会层面的价值取向；第三个"倡导"的四项，是公民个人层面的价值准则。实际上前两个"倡导"的八项都是属于"国格"范畴，而第三个"倡导"是属于"人格"范畴。

那么，我们怎样才能在前面讲到的那些历史嬗变中培育建构起这个"核心价值观"呢？中共中央政治局的第十三次集体学习，似乎很明确地回答了这个问题。

新华社北京2014年2月25日电讯称：中央政治局在2月24日，以弘扬社会主义核心价值观，弘扬中华传统美德为内容，进行了集体学习，习近平总书记在主持学习时强调：

培育和弘扬社会主义核心价值观必须立足中华优秀传统文化。牢固的核心价值观，都有其固有的根本。抛弃传统、丢掉根本，就等于割断了自己的精神命脉。博大精深的中国优秀传统文化是我们在世界文化激荡中落稳脚跟的根基。中华文化源远流长，积淀着中华民族最深层的精神追求，代表着中华民族独特的精神标识，为中华民族生生不息、发展壮大提供了丰厚滋养。中华传统美德是中华文化精髓，蕴含着丰富的思想道德资源。不忘本来才能开辟未来，善于继承才能更好创新。对历史文化特别是先人传承下来的价值理念和道德规范，要坚持古为今用、推陈出新，有鉴别地加以对待，有扬弃地予以继承，努力用中华民族创造的一切精神财富来以文化人，以文育人。

习近平总书记的这段论述相当精辟，对于如何培育建构社会主义核心价值观问题从四个方面剀切明白。

第一，他明确指出要在中华优秀传统文化的基础上，来构造我们的社会主义核心价值观，而不能割断历史。这一条十分重要，否则我们便会失去我们的本来面目，便会成为无源之水，也就无法走向未来。

第二，指出了中华传统美德是中华文化精髓，蕴含着丰富的思想道德资源。这就为我们揭示了社会主义核心价值观，要以弘扬优秀的中华传统美德为基础。

第三，他指出，对传统文化在扬弃中继承，在继承中创新。这就是说，社会主义核心价值观的内涵，既要有优良传统的文化精神，也要有时代精神，是二者的有机结合。

第四，他指出要用中华民族创造的一切精神财富，来化人育人。这就是说，弘扬中华民族文化，并不只是传承儒学那些道统，而是要弘扬全民族共创的优秀传统文化。同时也就是说，培育、弘扬社会主义核心价值观的根本目的是化民、育人。

尤其值得瞩目的是，习近平总书记在这次讲话中提到了一个"中华民族独特的精神标识"问题，而在同年的全国组织部长会议上又提出我们再也不能以GDP论英雄的思想。让人欣慰的是，思想道德文化建设终于被提升到一个民族的标识地位，这至少表明中国人的思想观念，并不落伍于世界潮流。

并不受人欢迎的亨廷顿生前给他的祖国提出的警示忠告，竟是如何弘扬他们没有多少历史和文化的"传统文化"："盎格鲁新教精神——美国梦"，以此为国家的"文化核心"问题。他讲道："在一个世界各国人民都以文化来界定自己的时代，一个没有文化核心而仅仅以政治信条来界定自己的社会，哪有立足之地？"所以，他提醒他无限忠于的祖国，一定要巩固发扬他们自入居北美以来，在新教精神基础上形成的"美国梦"理念的"文化核心"地位，这样才能消解这个国家的民族与文化双重多元化的危机。为此，他甚至预言美国弄不好会在本世纪中叶发生分裂。而且他公开预言不列颠大英帝国也会因民族与文化多元化的问题，导致在本世纪上半期发生分裂。

西方的一些专家学者们也十分强调国家民族文化的地位问题，柏克说："全世界的人根据文化上的界限来区分自己。"丹尼尔同样说："保守地说，真理的中心在于，对一个社会的成功起决定作用的是文化，而不是政治。开明地说，真理的中心在于，政治可以改变文化，使文化免于沉沦。"这些语言也可能有它们的局限性与某种非唯物性，但至少可以让我们看到那些发达的资本主义国家在想什么，至少与马克思主义经典作家们，关于意识形态并不总是消极被动地接受它的经济基础的论断并不相悖。

中国显然具有世界上最悠久的民族文化，同时显然也拥有世界上最强大的政治优势。新中国包括它直接进入社会主义的经济形态，以及其后的一次次经济变革，哪一次不是靠政治力量在强力推动呢？它当然同样拥有让我们几千年的民族文化"免于沉沦"的能力。有学人认为我们的民族文化早就被以往一次次的历史性灾难割裂了，这个看法显然都是毫无道理的。但我们当下却确实面临着"两个传统"失传失统的危险。中国的传统文化与优秀的民族美德，在当代国民中还有多少传承？老一代中国共产党人用生命与鲜血铸就的光荣革命传统，在党内还有多少"光大"？我们现在全民族的"核心文化"到底在何处？"社会主义核心价值观"的提出不仅符合世界潮流，也是使我们优秀的民族文化得以传承而不发生历史断裂的根本保证。富和强永远都不是一个民族的标志，哪个国家不可以富，不可以强？但能代表中国"这一个"本来面目，具有自己民族特色的，唯有中华民族的文化，能代表中国人形象的只有中国独具的道德人格。什么是人格？人格就是原始戏剧中不同角色的本来面目。

综上所述，我们是不是可以这样认为，社会主义核心价值观应内含如下的成分：中华民族传统文化中的优秀传统美德；中国人民近现代反帝反侵略反封建的爱国主义、斗争精神与中国共产党领导下形成的几十年光荣革命传统；中国化了的马克思主义有中国特色社会主义的共同理想；与"中国梦"远大目标相适应的时代精神。由这些内涵构成的社会主义核心价值观，用它来干什么呢？用习近平总书记的话来说就是"化人""育人"，把它再具体化一下，无非是打造能体现中华民族特色，代表中国形象的国格、人格。在思想道德层面上，一个国家的民族精神也只有在人的身上才能体现，所以我们依据社会主义核心价值观的基本要求，针对当代青少年的实际情况，策划了《中国人格读库》这样一套大型系列选题。

本套书承蒙全国少工委、中华文化促进会、团中央中国青年网三家共同主办推广，并积极提供书稿。难得高占祥老前辈热情出任该套书的编委主任，且高占祥同志不辞屈就加盟主创作者队伍。一些大学、中学教师与青年作者也积极加盟此套书的编写。该选题被国家新闻广电出版总局列为2014年全国社会主义核心价值观重点选题，在此一并鸣谢。

希望本套书的出版能为社会主义核心价值观的培育与弘扬，为促进青少年的道德人格养成起到积极的作用。欢迎广大读者与作家对不足之处批评教正，多提宝贵建议与指导意见。

谨以此代出版前言并序。

二〇一四年十月

于北京时代华文书局

引言

起来！不愿做奴隶的人们！

把我们的血肉筑成我们新的长城！

中华民族到了最危险的时候，

每个人被迫着发出最后的吼声。

起来！起来！起来！

我们万众一心，

冒着敌人的炮火，前进！

冒着敌人的炮火，前进！

前进！前进、进！

这是一首每个中华儿女都耳熟能详的歌曲，是中华人民共和国的国歌，它的名字是《义勇军进行曲》，它诞生在中华儿女抵抗日本侵略者的时代大潮之中，突显了中华民族反抗外来侵略的精神。《义勇军进行曲》是1935年一部电影《风云儿女》的主题曲。这部电影讲述了"九一八"事变之后，东北青年从家乡流亡到上海的故事。这部电影引起了千千万万东北流亡青年的共鸣，激励他们自强不息，奋起反抗日寇对东北的侵略。一部电影，一首脍炙人口的歌曲，写出一个大时代的激流，写出了中华民族一段苦难的历史。

近代以来，中华民族苦难深重，不断遭受外国帝国主义的侵略，其中日本是对中国侵略最深、伤害最大的，从19世纪60年代觊觎台湾开始，到20世纪30年代的侵华战争，日本始终是中国人民最凶恶的敌人。日本帝国主义对中国东北的侵略，时间长、为害深，从1931年的"九一八"事变开始，一直持续到1945年日本投降。日本侵略者在东北大地上作恶多端，实行经济侵略、政治控制、军事压迫。日本人扶持伪满洲国，掠夺东北的资源和劳动力，推行文化奴化政策。在东北大地上，日本侵略者制造了众多的人间悲剧。

在这种情况下，东北人民奋起反抗，自发组织了东北抗日义勇军，从锦州到哈尔滨，从长春到齐齐哈尔，哪里有压迫，哪里就有反抗。东北抗日义勇军具有最广泛的社会基础，从社会上层的官员、民族资本家、高级军官，到社会最底层的贩夫走卒、工人农民，都意识到现在已经到了最危险的时候，必须站出来，不惜牺牲生命来反抗日本的侵略。在白山黑水之间，面对敌人的飞机、大炮，他们为中华民族的解放事业流尽了最后一滴血。

在这样一种波澜壮阔的反抗过程中，东北抗日义勇军展现出来的人格精神，是我们中华民族的宝贵财富。在东北的抗日英雄中不仅有杨靖宇、苏炳文、黄显声、邓铁梅这样的领导人，更有无数无名的英雄，他们面对日本人的威逼利诱，爬冰卧雪，在最为艰难的条件下，坚持抗战，默默无闻，他们是我们民族的脊梁。

东北抗日义勇军的抗日战斗，首先体现了中华民族的爱国主义精神。爱国主义精神是我们最宝贵的精神财富之一，爱国主义精神来自对自己生长的土地、哺育自己的文化所怀有的最深沉的热爱。东北抗日义勇军没有后方，没有政府的支持，没有国际援助，还能够坚持下去，历经十四年，始终与日军周旋。之所以能够如此，深厚的爱国主义精神是重要的原因，有很多义勇军战士，以中国历史上的民族英雄激励自己，不求回报，舍生取义，杀身成仁。他们用自己的行动谱写了中华民族爱国主义精神新的篇章。

东北抗日义勇军的抗日战斗，也体现了中华民族不畏强暴的精神。东北抗日义勇军，面对的是比自己强大得多的敌人，他们并没有屈服，也没有像某些汉奸卖国贼一样屈膝投降，而是坚定不移地进行战斗，抱定牺牲自己的信念，与敌人做艰苦的斗争。他们坚信自己的民族是有生命力，是能够面对强敌、战而胜之的。这种精神对一个长期处于半殖民地半封建社会的民族来说，是追求独立自主的精神基础。

目录

黑土地起烽烟

中国东北是一片美丽富饶的土地，这里地域辽阔，自然资源十分丰富，自古以来就是多民族人民生活的家乡。广阔的松辽平原上江河纵横，土地肥沃，黑土地适宜大豆、高粱、水稻、小麦和各种经济作物的生长。长白山和大小兴安岭连绵起伏，森林资源丰富，在这片大地上还蕴藏着丰富的矿产资源。得天独厚的地理位置和发展条件，让东北成为一块宝地。近现代以来，中国遭受外国势力的侵略，这块宝地也成为它们眼中的重要目标。沙皇俄国和日本两个帝国主义国家对东北垂涎三尺，东北成为它们侵略的首要目标，也成为它们相互角逐的战场。在19世纪中期，沙皇俄国先后迫使清政府签订了中俄《瑷珲条约》、《天津条约》和《北京条约》，强占了黑龙江以北、乌苏里江以东一百多万平方公里的领土，以及通商权、领事裁判权、内地传教权等权利。从此沙俄变本加厉地加紧侵略东北。1896年，俄国强迫清政府签订了《中俄密约》、《中俄

20世纪初的东北村庄

合办东省铁路公司合同章程》，得到了修建中东铁路的特权。不久之后，俄国又强行"租借"了东北的旅顺和大连这两个极为重要的港口。

俄国加紧侵略、掠夺东北，在这一过程中，日本帝国主义成为其强大的竞争对手。1868年"明治维新"以后，日本的资本主义经济得到了迅速发展，封建势力和大资产阶级结合起来，发展为日本军国主义，主张对外侵略扩张，为日本攫取利益。就在"明治维新"开始不久，日本就制定了所谓"大陆政策"：吞并朝鲜、侵占中国东北和内蒙古，进而征服中国和全世界。19世纪70年代日本就曾入侵中国台湾。1894年，日本通过甲午战争强迫清政府签订了丧权辱国的《中日马关条约》。条约明确规定，辽东半岛归日本所有。这让沙皇俄国感到强烈不满，于是沙俄纠集德国和法国，逼迫日本让步，这就是所谓"三国干涉还辽"。日本当时刚刚结束甲午战争，无力应对俄、德、法三国的干涉，只能放弃辽东半岛，却让中国付出三千万两白银作为辽东半岛的"赎金"。从此之后，沙俄和日本帝国主义矛盾加剧，摩擦不断，终于在1904年，俄日两国之间爆发了日俄战争。

在付出惨重代价之后，日本取得了日俄战争的胜利。1905年9月，日俄两国在美国朴茨茅斯签订了《朴茨茅斯条约》，沙俄将自己在东北的权利转让给日本。日本视东北为自己的战利品，全然不顾中国对东北的主权，迫不及待地行使自己对东北的所谓"权利"。1905年12月，日本政府派出全权代表小村寿太郎接洽清政府，强迫清政府签订了《中日会议东三省事宜正约》和《附约》。这几个条约为日本攫取了大量的特权，为日后日本关东军发动"九一八"事变埋下了伏笔。外国势力侵入中国时往往首先要抢夺铁路权利，日本也不例外。日本获得了连接长春和大连的南满铁路，还获得了经营安奉铁路的权利。长春、吉林、辽阳、铁岭、哈尔滨、齐齐哈尔、满洲里等东北重要城市，日本人都可以居住和通商。与此同时，日本还在东北设置了很多殖民侵略的机构，不断扩大日本在东北的影响，其中最主要的有南满洲铁道株式会社（简称"满铁"）、关东军司令部和驻奉天总领事馆。其中"满铁"侧重经济侵略，除了控制南满铁路和安奉铁路之外，还控制了煤矿、航运、码头、仓库、炼铁、电力、煤气、农场等行业。日本关东军司令部是在陆军部的基础上改组而来的，主要负责指挥日本帝国主义驻扎在中国东北的关东军，在"九一八"事变之前，关东军的总兵力有两万人左右。关东军是"九一八"事件的直接策划者和实施者，是日本帝国主义侵略东北的先头部队。驻奉天总领事馆是日本外务省派驻中国东北地区的总办事处，负责在外交领域加紧对中国东北的侵略。

1927年4月，田中义一成为日本首相，他一上台就主持召开了"东方会议"，会上制定了对中国的政策，实际上是要加紧侵略中国。从此，日本对东北的侵略一天天扩大，与当时实

日俄军队在沈阳会战

际统治东北的奉系军阀的矛盾也日益加剧。

张作霖本来是土匪出身，1903年当上了清政府的骑兵营长。1911年辛亥革命之后，张作霖的地位迅速攀升，当上了陆军第二十七师师长；1916年，张作霖被袁世凯任命为奉天盛京将军，后又改任为奉天督军兼省长；1918年，张作霖被北京政府任命为东三省巡阅使，成为了名副其实的"东北王"，掌握东北军政大权。张作霖不满足于统治东北，几次入关与皖系军阀、直系军阀展开争夺政权的战争。

1920年的直皖战争，1922年的第一次直奉战争，1924年的第二次直奉战争，都给人民群众带来了深重的灾难，通货膨胀、苛捐杂税、战火纷飞。而张作霖则自任"中华民国陆海军大元帅"，控制了北京政权，达到了他长久以来追求的目标。张作霖的成功和日本侵略者是分不开的，日本帝国主义扶植张作霖，目的就是让张作霖出卖更多的东北主权。"东方会议"之后，日本政府先后派出驻奉天总领事吉田茂、驻华公使芳泽谦吉、"满铁"总裁山本条太郎等人，一边拉拢，一边威胁，强迫张作霖满足他们的各种无理要求。此时的张作霖，由于巩固自己权力的需要，也由于人民对日本侵略强烈的反抗，不想完全成为日本帝国主义的傀儡，对于日本提出的种种要求，他往往采用拖延战术，并不正面回答。

张作霖的这种态度让日本人相当不满。日本与张作霖的矛盾越来越尖锐。日本帝国主义势力决心抛弃张作霖，撕下假面具，直接占领东北。1928年，国民党的军队逼进京津，张作霖的奉军节节败退。日本帝国主义害怕北伐会影响自己在东北的利益，在5月3日制造了震惊中外的"济南惨案"；同时加紧向张作霖施加压力，强迫张作霖离开北京。5月18日，日本政府居然向交战双方声称："当战乱进展至京津，并祸及满蒙时，帝国政府为了维持满洲治安，必将采取适当而有效的措施。"1928年6月4日5时30分，张作霖回沈阳的专车行驶到皇姑屯附近京奉、南满铁路交叉处的桥洞，日本关东军引爆事先埋下的炸药，张作霖被炸成重伤，当天死去。

日本帝国主义希望皇姑屯事件能让东北陷入混乱，趁机以维持东北治安为名，全面出动关东军占领东北，建立所谓的"自治"政权。但是，日本人的阴谋未能得逞。在一片混乱中，张作霖的儿子张学良及时回到东北就任东北保安总司令。他秘不发丧，趁机稳定了东北的局面，使得日本帝国主义借机占领东北的企图落空。日本并未就此死心，他们对张学良威胁利诱，企图从张学良手中得到从张作霖手中没有得到的权益，让张学良成为日本人的傀儡。张学良身负国难家仇，决心摆脱日本的控制，让东北回归中央政府。这大大激怒了日本侵略者，他们公开用武力对张学良进行威胁，日本人说："倘若东三省蔑视日本的警告，擅挂青天白日旗，日本必具保国决心而取自由行动。"张学良不为所动，在1928年12月29日向全国发出电报："于即日起，宣布遵守三民主义，服从国民政府，改

张作霖被杀后现场调查

旗易帜。"张学良东北易帜，让中国在当时得到了形式上的统一，维护了民族的利益，是民心所向、大势所趋。但是随后国民党南京政府卷入了军阀混战，张学良无法将原驻华北的七万东北军撤回东北，又不得不从东北增调四万军队入关帮助蒋介石打内战，客观上削弱了防御日本帝国主义的力量，为"九一八"事变的爆发埋下了伏笔。

1929年开始，严重的经济危机开始席卷全球，日本本来经济基础就比不上老牌的帝国主义国家，这场危机给萧条中的日本经济以沉重的打击。日本社会陷入严重危机，为了摆脱危机，日本帝国主义加紧侵略中国东北。1931年，日本先后制造了"万宝山事件"和"中村大尉事件"，利用这两起事件为借口，加紧战争准备和战争宣传。

万宝山是长春北边的一个小镇了，距离长春也就有六十几里地的路程。1931年4月，长稻农田公司的经理郝永德在万宝山镇附近租了一些荒地，又转租给朝鲜农民李升薰等人。过了不久，李升薰等人私自在伊通河上筑坝，把河水引到荒地里。他们这种做法占用了大量的农田。当地的中国农民交涉无果，只好去长春县政府告状，请县政府制止。县政府派人去阻止李升薰。这本来是中国政府正当履行自己的职责，和日本人也没有什么关系。但是日本人早就想要寻衅滋事，抓住这个借口，趁机扩大自己在东北的侵略。他们唆使更多的朝鲜农民去河上筑坝，同时还派出了日本警察。这些日本警察拿着警械，打着"保护"的旗号，怂恿李升薰等人继续施工。面对这种情况，万宝山附近几十个村庄的中国农民组织起来，带上各种铲子锄头，前去拆除大坝。结果第二天，日本警察全副武装地冲到现场，向中国农民开枪，还抓走了十几个人。整个事态完全激化，这也正中日本人的下怀。日本国内的右翼势力，借题发挥，说什么日本在"满蒙的生命线受到威胁"，必须有一个"根本解决满蒙问题"办法。当时的日本首相若槻礼次郎还发出战争的叫嚣："我国在满蒙地方，享有同国民生存关系紧密的权益，为了保卫我之生存权，必须不惜任何牺牲，毅然奋起。"

万宝山事件没过多久，又发生另外一件事情，更加剧了中日之间的紧张，那就是中村大尉事件。1931年6月24日早上，兴安屯垦区公署第三团一营三连的哨兵发现有几个形迹可疑的人，正往乌兰浩特的方向来，他们立刻将几个人截住，结果对方自称是"日本帝国东京农业学会会员"。哨兵觉得这几个人十分可疑，将他们带回军营搜查，结果从他们的衣服里面搜出日俄双语军用地图两张、笔记本三个，里面记载的都是具有军事价值的情报。原来他们是日军大尉中村震太郎和备役骑兵井杉延太郎等人，此次来是充当日本间谍。

当地驻军垦屯军第三团的官兵，激于民族义愤，将他们处死。正在千方百计寻找战争借口的日本侵略者，一面向国民党政府提出强硬要求，一面在日本国内煽动战争狂热。8月17

日，东京、大阪等日本各地报纸，同时登载日本政府发表的中村大尉"被害"事件声明。接着，日本政府、军部的重要官员纷纷发表演说，说什么"满蒙危机"，赤裸裸地主张"此事解决应用武力"。日本在东北的"满洲青年联盟"拼凑了"母国访问团"，到日本各地宣扬"满蒙危机"。经过日本朝野上下的鼓噪，所谓"满蒙危机"、"应用武力"的气氛，已经笼罩了日本全国。

在"满蒙生命线受到威胁"论调甚嚣尘上的氛围下，日本军政要员纷纷强调要"根本解决满蒙问题"，主张向东北派出更多的军队。1931年春天，关东军司令部已经制定了"处理满蒙问题方案"，这实际就是发动"九一八事变"的计划。关东军司令部特意调来了仙台第二师团，这支部队里面的士兵大多来自寒冷的日本北方，更适应中国东北的气候。经过周密的策划和安排，日本关东军对中国东北的侵略已经箭在弦上。

1931年9月18日晚上十点多钟，天色阴沉，黑黢黢的云彩覆盖着天空，仿佛是什么不祥之兆。在沈阳往北不到二十里地的地方，有一个名叫柳条湖的地方，南满铁路正从此处通过。铁路的两边是高粱地，黑沉沉的一大片。这里平常这个时候都是十分平静的，只有火车经过时才有些动静。这一天注定是一个不平常的夜晚。有一队身影往这边来了。这时月亮从云层里面出来了，这是一轮半弦月，照亮了铁轨和旁边的高粱地，也照亮了那一队身影。从他们训练有素的步伐可以看出，他们是

大连满铁总部

军人。前面一个领头的正是日本铁道守备队工兵中尉河本末守。他一边走，一边想着路上看到的北大营，"很快就是我们的了！"几个月前，关东军作战主任参谋石原莞尔中佐和高级参谋板垣征四郎大佐策划了这次行动，并且得到奉天特务机关辅助官花谷正少佐的支持，花谷正说："不想干的人干脆回中央。"奉天独立守备队步兵第一中队长小野正雄大尉问驻奉天独立守备队步兵第二大队第三中队长川岛正雄大尉："关东军如果动手的话你打算跟着干吗？"得到肯定的回答之后，他让川岛正雄找一个精通爆破的人来做这件事情，川岛正雄思来想去，最后让河本末守来执行这个特别的任务。

在9月18日这天晚上，河本末守带着一小队士兵，来到了柳条湖的南满铁路，他命令士兵安装好炸药。一声沉闷的巨响过后，一小段铁路被毁坏了，河本末守说："快！快！按计划行动。"他手下的士兵，搬出几具尸体，上面穿着东北军的军装，其实是日本士兵之前杀害的中国农民。日本兵把尸体扔到铁道的路轨上之后，迅速撤退了。

随着河本末守的行动，预谋已久的日本关东军也同时开始了行动。此时的关东军司令官是本庄繁，本庄繁这个人曾经担任过张作霖的顾问，对中国东北的情况十分了解。和本庄繁一起上任的还有建川美次和土肥原贤二。建川美次曾经制定过《解决满洲问题方策大纲》，土肥原贤二是一个"中国通"，对中国的情况十分熟悉。这几个日本高级军官的就任，让关东

柳条湖事件现场

军在人事上做好了准备。本庄繁将日本在东北的军队和守备队集中到沈阳、长春、哈尔滨等地，举行了多次军事演习，甚至还训练了如何进攻沈阳。在沈阳的日本守备队兵营里，调来了两门二十四厘米口径的重炮，其中有一门的炮口直接就对着东北军的北大营。"九一八"事变发生的当天上午，本庄繁在辽阳日军第二师团司令部检阅部队，他发表谈话："现在，满蒙的形势日益不安，不许有一日偷安。当万一发生事端时，希各部队务必采取积极行动，要有决不失败的决心和准备，不可有半点失误。"这段谈话可以视为发动"九一八"事变的宣言。

听到柳条湖的爆炸声之后，日本关东军立刻开炮轰击北大营，随后发动了进攻，兵分三路，一路攻击北大营，一路攻击东大营，一路攻击沈阳。当时东北军的最高领导人张学良在北平，虽然之前也收到过日军异动的情报，但是他谨守蒋介石"不抵抗"的政策，约束属下不与日本关东军发生摩擦。9月18日晚上，北大营的驻军是东北军第七旅，旅长王以哲不在北大营营房，参谋长赵镇藩面对日军的进攻，向东北边防军司令部参谋长荣臻报告，得到的却是"不准抵抗"的命令。早在"九一八"事变发生之前，各种迹象都显示日本关东军将要采取武装侵略的方式吞并东北。可是蒋介石政府此时又在干什么呢？国民党蒋介石政府正在准备对红军进行第三次围剿，采取"攘外必先安内"的政策，面对东北军队和政府的呼吁，没有任何积极的措施，唯一做的就是不断下令让东北当局不能与日本军队发生冲突。蒋介石发电报给张学良说：此非对日作战之时……无论日本军队此后如何在东北寻衅，我方应予不抵抗，力避冲突，吾兄万勿逞一时之愤，置国家民族于不顾。张学良因此只好要求参谋长荣臻及东三省政务委员会"应付一切亟宜力求稳慎。对于日人，无论其如何寻事，我方务须万万容忍，不可与之反抗，致酿事端。"南京政府军事委员会又直接给东北军发电："顷接日本公使馆照会，内开：陆军省奏明天皇，准予关东军在南满附属地内自动演习。届时望吾军固守防地，请勿妄动，以免误会，切切此令！"

其实，日本关东军发动事变时，参加进攻的兵力只有第二师团第二十九联队、独立守备第二大队的三中队和驻奉天的宪兵队，总共不过一千二百多人。而当时沈阳北大营的东北军第七旅有官兵七千余人，属于甲种旅，装备较好。但是旅长王以哲和其他高级军官在蒋介石的不抵抗主义影响下，平时缺乏战备思想，不做任何作战准备。更令人啼笑皆非的是，1931年以来，他们还与驻沈阳日军进行互访、参观、学习、会餐、联欢等所谓"亲善关系"活动，既麻痹了官兵的斗志，又使大批日本官兵借这些机会出入北大营和东大营，对中国军队营房地形、军事布置都进行了大量侦察工作。相反，第七旅却执行不抵抗命令，经常举行"撤退"和"转移"等军事演习，致使士兵当中惧日忍让思想十分流行。所以当日军已经发动进攻，北大营的东北军士兵从睡梦中醒来还以为是演习，不以为怪，出营观望时才知道已经被团团包围。

第七旅六一二团驻守北大营西部，首先遭到日军攻击。但是士兵收到的是"不还一枪一弹"的命令，日军如入无人之境，疯了似的大开杀戒。广大官兵忍无可忍，不顾"不抵抗"命令奋起还击，但因武器大多被锁在库房里，不得不冒死突围。其他六一九、六二〇、六二一等三个团则向抚顺、清原方向撤退。据王以哲在北大营被占经过的报告中记载：日军攻入营垣，向我射击，不得已乃向东山嘴退去。日军节节进逼，遂向东陵方向撤退，于十九日上午八时方集结于东方森林地带。清点人员得悉，斯役七旅死亡官长五员，士兵一百四十四名，负伤官长十四员，士兵一百七十二名，总计伤亡官长士兵三百三十五员名，失踪生死不明者四百八十三名。

日军占领北大营和军械库后，把所有枪械弹药以及钱款悉数抢劫一空，营房付之一炬。一夜之间，东北军经营多年的北大营毁于一旦，日军完全占领了沈阳城。仅就沈阳一地军械装备的损失，数字就十分惊人，计飞机二百六十余架，坦克六十辆，迫击炮二千门，榴弹重炮二百门，加农炮二百门，轻重机枪四千余挺，高射炮六十门，野炮一千门，步骑枪二十余万支，军用汽车二千三百辆，火车各种车辆五千辆，子弹可供十个师用。

日军不但抢走了大量军械装备，还到处抢劫钱款。东三省官银号是东北首屈一指的金融机关，结果基金七千万元和现款二百余万元全被日军掠走。据不完全统计，日军掠走的财产价值达十八亿元以上。

从19日开始，营口、牛庄、丹东、抚顺、凤城、本溪、盖县等地相继被日军占领。当地军警在不抵抗命令的束缚下，纷纷被日军缴械。不到五天时间，除辽宁西部外，日军占领了辽宁省大部分地区。

19日拂晓，关东军驻长春的第三旅团长指挥第四联队和公主岭骑兵第一中队共三百余人，突然包围了驻二道沟的东北军第二十五旅第三营营部。营长傅冠军18日晚接到吉林省边防军参谋长熙洽命令："如有日军进攻，不加抵抗，全部撤退，听候交涉解决"，因而未加抵抗，率领部队撤退。不料日军突然开枪，营长傅冠军被当场射死，全营官兵被缴械。日军攻占二道沟后，又围攻驻长春南岭的东北军炮兵第十团和步兵六七一团。在日本人进攻之前这两个团的团长穆春昌和任国栋也接到了"不抵抗命令"，因而没有做任何准备，全团官兵多还在睡梦中。一直到听见日军的大炮轰鸣声，才知道大事不好。几十名日本士兵从营房后墙跳入，中国士兵来不及进行有效抵抗，当场被打死数十人，其余大部官兵破营而出，且走且战，死伤众多，长春也被日军占领。日军继续向省城吉林进犯。吉林省军政长官张作相为父奔丧回锦州，军政事务由军署参谋长熙洽主持。熙洽原是清朝"闲散皇族"，毕业于日本士官军校，早年参加过宗社党的复辟活动，从事过"满蒙独立运

张学良与部下

动"，是个亲日派，与日本早有勾结。日军占领长春后，他就秘密派人到长春与他的老师、日军第二师团长多门二郎接洽，密谋卖国求荣。日军在熙洽的迎接下，于21日大摇大摆地进入吉林省城。此后不久，熙洽在日本帝国主义支持下，组织伪吉林省政府，宣布脱离南京国民政府，成为"九一八"事变后的第一个大汉奸。

当时国民党政府妥协退让的政策，终于酿成了"九一八"事变的严重后果。本来日本在东北的兵力少于东北军，如果东北军坚决抵抗，是能够给日本侵略者以严重打击的。就像前面提到过的，日本关东军进攻沈阳的兵力总共只有一千二百多人。东北军第七旅有七千多人，而且装备精良。但是由于东北军奉行"不抵抗"的政策，事变之前反而不断演习"撤退"和"转移"，最后致使日本关东军没有花费多少力气就攻占了北大营。期间虽然有少数官兵不顾命令奋起反击，"各持枪实弹，怒眦欲裂，狂呼若雷，群请一战，甚有抱枪痛哭者，挥拳击壁者"，但是因为准备不足，只能血战突围而出，遭到十分惨重的损失。

占领吉林后，日本关东军向北进攻黑龙江省，黑龙江省政府代理主席兼军事总指挥马占山奋起抵抗，组织了著名江桥抗战，终因孤军奋战，寡不敌众，被迫撤退。日军在19日占领了黑龙江省省会齐齐哈尔。1932年1月3日，日军占领锦州；2月日军占领哈尔滨。至此，东北的大部分土地落入日本侵略者之手，这完全是不抵抗政策的恶果。

为了掩盖自己的侵略罪行，欺骗国际舆论，日本人找来了清朝末代皇帝溥仪，炮制伪满洲国。关东军司令部抛出了《满蒙自由建国方案大纲》，日本陆军省、海军省和外务省制定了《中国问题的处理方针》，确定要将东北和内蒙古地区从中国分裂出来。与此同时，日本侵略军在东北各地建立伪政权。1932年3月1日，伪满洲国政府在日本关东军的授意下，宣布成立。

面对东北主权的沦丧、人民的苦难，当时中国各种政治力量的反应是不一致的。"九一八"事变发生之后，在江西、湖南指挥围剿红军的蒋介石赶回南京，随后他发表演说，主张："以和平对野蛮，忍痛息愤，暂持逆来顺受之态度，以待国联公理之判明。"这一讲话实际还是"不抵抗"政策的延伸，依然是"攘外必先安内"的主导思想。对各界人民的抗日要求，国民党政府一味敷衍搪塞，对东北军队和人民的自发抗战，国民党政府没有给予任何帮助。以蒋介石为首的国民党政府，只寄希望于虚无缥缈的国际调停，只会呼吁人民等待国际联盟的"公平处决"。

国际联盟成立于1919年，是第一次世界大战后美国总统威尔逊提议成立的，本意是调和各大国之间的利益冲突，避免再发生第一次世界大战这样的大规模国际战争。当时英、法、德、意、日是国际联盟的常任理事国，也是国际联盟的实际操

溥仪与日本侵略者

纵者。"九一八"事变之后，国民政府向国联行政院提出申诉。国联作出的决定却是"两国立即撤退其军队"，模糊正义与非正义、侵略与反抗侵略的区别，对日本侵略军毫无约束力，实际上打击了中国人民的抗日行动。此后国联又组织了英、美、法、德、意五国代表参加的调查团，因为调查团团长是英国人李顿，所以又被称为李顿调查团。李顿调查团到东北之前，日本侵略者特意作出规定："凡未得政府允许者皆不得与调查团会面。"但是英勇的东北人民冒着极大的危险，纷纷以各种方式向调查团传递消息，商人、银行家、农民、教员、学生、医生、工人、警察，各阶层人士都与调查团成员谈话，调查团光书信文件就收到了一千五百多份，还有东北抗日义勇军发表的各种通电，都在揭露日本制造"九一八"事变、侵略东北的阴谋。关内各地各界人士以及东北流亡团体，也通过自己的亲身经历，揭示日本的狼子野心，揭露"所谓满洲国者，完全为日本人之傀儡，为达到分割中国，实行并吞之阴谋"。

李顿调查团经过一个多月的调查，发表了《国际联合会调查报告书》，报告书中承认"九一八"事变是日本精心准备发动的，而且伪满洲国也是在日本人一手策划下成立的，是日本统治东北的工具，东北的人民群众强烈反对伪满洲国的统治。但国联提出的解决办法居然是国际共管东北，这实际上是将东北变成了殖民地。这份报告书的出台，代表着蒋介石政府依靠国联、依靠国际调停政策的彻底破产。

与国民党政府的妥协退让不同，东北人民一直坚定地站在斗争的第一线。毛泽东主席曾经说过："帝国主义和中国封建主义相结合，把中国变为半殖民地和殖民地的过程，也就是中国人民反抗帝国主义及其走狗的过程。"从清朝开始，随着沙俄和日本侵略的日渐加重，东北大地的人民一直有自发组织起来反抗侵略的传统。1898年甲午中日战争，东北的农民、煤矿工人组织起来打击日军。1900年，在义和团运动影响下，东北人民提出"御俄寇，复国土"的口号。1919年"五四"运动，哈尔滨、沈阳、本溪、大连等地的工人发动了支持学生的大罢工。1927年沈阳、齐齐哈尔等地的群众爆发了大规模的反日游行，反对日本帝国主义对中国的侵略。

中国共产党自始至终坚持对日本侵略者进行坚决的斗争，在"九一八"事变之后，连续发表了多份宣言和文件，支持指导东北人民的抗日行动。1931年9月20日，中华苏维埃共和国中央工农革命委员会发表宣言，指出日本侵略者发动武装侵略，是要"增加他在满蒙、华北的统治，来解决国内的经济危机，并进一步地准备争霸东亚的帝国主义大战"，"不啻就是第二次世界大战的预演"。这个宣言正确地指出"不要再希望国民党政府能作出一丝一毫反抗日本帝国主义的行动"，"更不要企图依赖国际联盟和非战公约来停止日本帝国主义的行动"，唯一能够对抗日本侵略者的方式，"只有被压迫的中国民众自己与世界被压迫的阶级和民族一致联合起来"。中共

李顿调查团

中央作出《关于日本帝国主义强占满洲事变的决议》，分析了"九一八"事变发生的背景和原因，指明了今后工作的方向。决议要求面对日本对东北的入侵，"党组织要加紧地组织领导发展群众的反帝国主义运动，大胆地警醒群众的民族自觉，而引导他们到反帝的斗争上去"。中国共产党在东北人民的抗日斗争中，发挥着越来越大的作用。东北抗日义勇军后期有很多队伍加入到中国共产党领导的东北抗日联军中，继续与日本侵略者进行坚决的斗争。

"九一八"事变爆发之后，东北的人民立刻起来和日本侵略者做斗争。沈阳兵工厂的工人们在中国共产党满洲省委的领导下，先后有三万多人离开工厂，不给侵略者制造武器。哈尔滨成立了各界联合会，发布宣言，主张抗日到底："有三千余万民众，二百余万健儿，各输其财，各捐其躯，誓与日本帝国主义者作最后决斗。宁教白山黑水尽化为赤血之区，不愿华胄倭奴同立于黄海之岸。"

面对国民党政府的妥协退让，东北人民在忍无可忍的情况下，拿起武器，组织了东北抗日义勇军。从辽宁到黑龙江，东北抗日义勇军自发与日本侵略者进行战斗，他们没有统一的组织和指挥，成分复杂，人数最多时有三十多万。义勇军中有原来的东北军官兵，有原来维持治安的警察大队，有大刀会、红枪会这样的农村会社，有保乡卫土的民团，有怀抱爱国之志的青年学生，有原来的绿林部队。虽然有各种不同的名称，但是他们抗击日本侵略者的行动是一致的，他们阻击日军，打击伪军，犹如星火燎原，在东北的冰天雪地里熊熊燃烧。

在日本侵略东北之后，有不少东北同胞逃难到关内，他们忍受着背井离乡的痛苦，心怀对故乡亲人的思念，痛恨日本侵略者的暴行，无比支持东北抗日义勇军的战斗。就像《东北旅平各界救国联合会敬告东北同乡书》中说的那样：我们祖宗的坟墓、田园、房产，都在东北，我们逃不出来的父母兄弟和妻子也都在东北，东北是我们的老家。大家都是因为受不了敌人的屠杀蹂躏，才负着国难家仇，忍痛地离开了家乡，逃到关里来，希望享受一点自由的幸福，脱掉亡国奴的痛苦。可是事实竟是相反的。看啊，同乡们一幕一幕的惨剧，都是现在我们的眼前：有些人每日里在饥饿线上追求生活，饥寒、失业和死亡，紧紧地追踪他们，街头巷尾，讨饭的乞丐不也有我们的同乡了吗？有些人为生活的压迫，男人当强盗，被枪毙了；女人当娼妓，被人蹂躏着。尤其惨痛的，是在那旷野荒郊暴露着无人葬埋的东北人的骸骨，这一切一切都是千真万确的事实，我们应当弄清楚：究竟是谁把我们害到这步田地！？……大家应当知道，我们一切的痛苦，完全是万恶的狠毒的日本帝国主义者给我们造成的。我们再回头想一想，当"九一八"事变时，假如大家能够团结起来，向敌人抵抗一下，敌人是不会那样容易地把我们的家乡给夺去的，我们也不会有现在这样流离失所的情形的，现在我们都成了国破家亡的奴隶了，我们还有什么界限可分的呢？

在民族大义面前，在敌人的刺刀面前，无论是留在东北的人民，还是流浪到关内的人民，每个人都对日本侵略者的暴虐感同身受，所以在东北大地上，到处都是揭竿而起的战士，到处都是反抗侵略的部队。

辽宁省的东北抗日义勇军主要是由原辽宁省政府警务处处长黄显声领导的，他把辽宁各地的抗日武装组织成"辽宁抗日义勇军"，共分为二十二路；后来改名为"东北民众自卫义勇军"，主要在辽西地区打击日本侵略者。黄显声向东北各地派出联络员，这些秘密联络员拿着各种委任状和张学良的手令，联络各地的民间武装，包括民团、保安队，还有被日军打散的东北军余部，不断发展抗日队伍。在黄显声的队伍之外，辽宁还有不少自发的抗日武装，以及不堪忍受日军统治，竖起反日旗帜的伪警察反正队伍。因为地域相近，辽宁省的抗日斗争得到北平东北民众抗日救国会的大力支持，救国会不仅帮助抗日队伍筹措资金和弹药，而且帮助义勇军完善编制和领导体制。在辽宁的东北抗日义勇军中涌现出邓铁梅、苗可秀等抗日英雄，他们的战斗事迹极大地鼓舞了东北人民抗日的士气。

吉林省的抗日义勇军主要是由原东北军官兵组成的。"九一八"事变之后，冯占海组织手下的卫队团起来抵抗日本军队，后来张学良任命他为吉林省警备司令。在吉林的其他东北军部队群起响应，先后加入了冯占海的部队。冯占海将这些军队统一改编为吉林抗日义勇军，全军从一开始的一千五百余人发展到七万多人。他们在抗日战场上先后发起了哈尔滨保卫战、团山子战斗、镜泊湖大捷、高岭子伏击战等可歌可泣的战斗，沉重地打击了日本侵略者的气焰。吉林各地的人民群众自发组织起来参加义勇军。像猎户陈文起全家都投奔了抗日军，陈文起去探听日本军队的消息，不幸被敌人抓住，他趁敌人看守松懈，从敌人手里逃走。在随后的战斗中，他又一次被日伪军抓住。陈文起被吊在房梁上毒打，日伪军企图从他嘴里得到义勇军的情报。陈文起对敌人骂不绝口：我早就没打算活，早就想把你们这些兔崽子送到"墙缝"来了。日本人恼羞成怒，用刺刀剖开陈文起的胸膛，将他残忍杀害。这位英勇不屈的抗日英雄身上的伤口多达百余处。在进攻吉东重地宁安的战斗中，义勇军指挥部决定"宁倾我全力，以大规模之联络，拔我精锐，背城借一，冀搏最后之胜利。"在渡河的战斗中，战地宣传队队长陈翰章向战士们高喊："勇士们，冲过去！杀人的枪炮都不怕，还能被一条小河吓住吗？！"指挥作战的周保中，左腿被击中，依然坚持战斗，最后是被战士们强行抬出阵地的。官兵们高呼口号"宁做战死鬼，不做亡国奴"。像这样感人的英雄事迹还有很多很多。

黑龙江省抗击日寇的主要有马占山和苏炳文领导的部队，出现了江桥抗战、齐齐哈尔进攻战等振奋人心，鼓舞东北和全国人民士气的著名战斗。很多战斗中，战士们子弹用尽之后，

《申报》对"九一八"事变的报道

就用大刀长矛和敌人作战。在江桥抗战中，"敌有坦克、飞机、重炮、装甲车，我均无之"，"我之步枪有百米射程之外无效者"，"所用子弹均黑省旧存，且多霉湿不堪用"，即使这样低劣的装备，也不能保证充足的供应。马占山曾经长途跋涉，穿越原始森林，摆脱日伪军的追击，最后身边就剩下八个人。后期主力部队一部分撤退到热河，一部分撤退到苏联，仍有义勇军余部坚持抗战，他们远离城市和交通线，在东北的深山老林中坚持战斗。他们的战斗精神连日本人也不得不承认："（义勇军）挥着红缨枪，数次越过死尸，来回突击，并且从预先准备的阵地射击来的野炮及迫击炮弹命中比较良好。虽然是敌人，这也是值得赞赏之处。"

东北抗日义勇军从军事上狠狠打击了敌人，消灭了相当一批敌人，拖住了日军向关内侵略的脚步。据巴黎《救国时报》揭露，日伪官方的报告证明：从"九一八"事变到1933年东北各地的义勇军陷入低潮，日伪军"战亡人数为6541名"。这个数字应该是被大大低估了。此外，东北抗日义勇军还破坏交通线，炸毁日伪军的军车，每年平均有数千次之多。当时外国记者评论说：整个东北之内，日本人没有一条安全的马路。1932年的东北，每一座城市、每一条铁道，都活跃着抗日战士的身影。到1932年10月，为了镇压东北人民的反抗，日本将自己在东北的军队增加到14万以上。代表南京政府出席国联的外交官顾维钧说："没有东北的直接抗战，在国联大会上简直没有话可讲。"与此同时，东北抗日义勇军还用自己有力的行动，向世人宣告国民党政府"攘外必先安内"和"不抵抗"政策的彻底破产，揭开了蒋介石集团妥协退让的真面目。蒋介石集团在"九一八"事变之前，就采取妥协退让的政策，纵容日本肆意在东北扩大侵略势力；在"九一八"事变发生之后，又不断命令东北军全面撤退，不与日军发生所谓"冲突"，对自发的抗日武装没有任何支持和援助，迷信国际联盟的调停，甚至对退回关内的义勇军采取分散瓦解、禁止活动的政策。两相对比之下，全国人民更加看清了蒋介石集团的真面目。在东北抗日义勇军正义行动的感召下，全国各地都掀起了抗日的热潮，工人、商人、学生、民族资本家，纷纷站出来，通过游行、罢工、罢市、抵制日货等形式，抗议日本对中国的侵略。东北流亡关内的群众，组织起来，从人、财、物各方面支援东北的抗日斗争，很多回到关内的青年，又重新回到东北直接投身到武装斗争中。

"九一八"事变之后，东北大地上出现了众多不甘心做亡国奴的人们，他们组织起来，建立起各种武装力量，和日本帝国主义进行了长期艰苦的斗争。他们就是东北抗日义勇军。在波澜壮阔的斗争中，涌现出了马占山、苏炳文、黄显声、邓铁梅这样的杰出代表。在斗争的后期，东北抗日义勇军的战士们又团结在东北抗日联军的旗帜下，在杨靖宇等人的领导下，与日寇周旋到底。东北抗日义勇军面对人数众多、装备精良的日伪军，坚决斗争，不屈不挠，沉重地打击了日本侵略者，创立了不朽的历史功勋，展现了中华民族"威武不能屈"的精神，永远值得我们去学习。

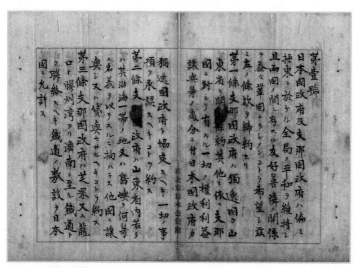

"二十一条" 草案

马占山破釜沉舟

马占山是东北抗日义勇军中的重要人物，也发挥了重要的作用。马占山字秀芳，辽宁怀德人。"九一八"事变之后，他以黑龙江省主席的名义率领东北军民抵抗日军侵略，为抗日救国作出了贡献。

1885年11月30日，马占山生于怀德县城一个普通的农民家庭。马占山家本来是河北丰润人，世世代代都是农民，家境贫苦，因为生活所迫迁移到东北。马占山上不起学，从小只能为村里的财主放马，时间一长，他马术娴熟、枪法精准。马占山18岁的时候，村里有一家人丢了牲畜，诬陷是马占山偷的，马占山没有办法再在村里待下去，上山当了土匪，不久被怀德县官署收编。1911年，马占山投靠奉天后路巡防营统领吴俊升，成为巡防营四营中哨哨长。1913年马占山成为少校连长，1918年晋升为营长，1920年再晋升为团长，在黑龙江省东部驻扎。从此之后马占山一路升迁，1928年冬任黑龙江省剿匪司令。

马占山全身戎装像明信片

1931年，日本帝国主义发动了"九一八事变"，东北震动，处在生死存亡的关头。马占山出任黑龙江省政府代理主席兼军事总指挥，指挥军民抗击日本，一直坚持到1932年底，因为弹尽粮绝、孤立无援，退入苏联境内，继续坚持抗日斗争。在一年多的抗战中，马占山指挥黑龙江省广大军民，反对国民党政府的"不抵抗"政策，与日本侵略军进行了英勇的斗争，指挥了著名的嫩江桥阻击战，与日寇反复周旋，采取各种手段坚持抗战。

"九一八事变"之后不久，1931年10月10日，马占山被任命为黑龙江省政府代理主席兼黑龙江省军事总指挥。当时东北的形势危急，黑龙江省的形势同样危急，日本侵略者决心要吞并黑龙江，如何应对即将到来的日军是马占山面临的一个严峻考验。他不仅要对付日本帝国主义，更要面对蒋介石国民政府"不抵抗"政策的恶果。"不抵抗"政策不仅导致东北大片土地沦入敌手，更造成了妥协投降的政治氛围。马占山就职前后，在黑龙江省省会齐齐哈尔，某些军政大员和绅商名流，不顾民族尊严和国家利益，企图投降日本人来保护自身利益。1931年10月16日，原洮辽镇守使张海鹏卖身投靠日本帝国主义，日军一下就给张海鹏送来了两车皮军火、二十万元钞票，还有三千支步枪，以及其他大量军用物资。在日本关东军的支持下，张海鹏对嫩江桥发动了进攻，企图一举占领齐齐哈尔。

嫩江桥，简称江桥，这座铁路桥是齐齐哈尔市南面的交通要道，一旦失守，整个齐齐哈尔就暴露在敌军的枪口下。广大爱国官兵奋起反击，让张海鹏铩羽而归。但日本关东军并不死心，准备由日军直接出兵进攻，一举拿下嫩江桥。日本军队大兵压境，大战一触即发，省城齐齐哈尔却是群龙无首，局面十分混乱。有不少官绅出于自身利益的考虑，主张投降卖国，四处散播谣言。整个齐齐哈尔市人心惶惶，商店关门，学校停课，不少人出城逃难，躲避战火。当时的《滨江时报》报导："辽吉事变后，继之以张海鹏叛乱，在本月十四、五数日中，江省城内，屡传张海鹏攻城之谣传，而日本飞机又连日飞翔于龙沙之上空，且各要人首先护送眷属及贵重财物于安全地带之外埠，各机关先后闭锁，无人办公，因是引起人心之极大恐慌，各大商店纷纷停业……风声鹤唳，一夕数惊，有若日军已到达城下者。"在这种情况下，如何与装备精良、准备充分的日军进行战斗？马占山面临着巨大的压力，整个人很少睡觉，全部精力都放在防御日军进攻上。他的卫士回忆说："将军自十月十日在黑河奉到中央电命后，每日仅安眠一二小时，深夜常常绕室行走，有时行走极快，地毯被足卷起，灰尘满堂。"马占山面临的是艰难的选择：如果和张海鹏一样投降日本人，性命无忧自不必说，日本人也会许以高官厚禄，但那是出卖国家利益，要永远被钉在历史的耻辱柱上；如果坚决抵抗日军，不仅胜负难料，而且还要背上违抗蒋介石"不抵抗"命令的"罪名"，得不到中央政府的支持。马占山毕竟是一个爱国

日军进入齐齐哈尔

者，他经过反复思考，选择了坚持抗战。马占山把自己的部下集合起来，对他们说："我是一省长官，守土有责，决不能将黑龙江寸土尺地让与敌人，我的力量不够，他来欺负我，我已决定与日本拼命，保护我领土，保护我人民，如果我打错了，请你们把我的头割下，送到中央去领罪。"部下们听到马占山的讲话，知道他是下了决心的，一致表示愿意跟随他抗战。

战胜日本帝国主义，不仅要靠高涨的爱国热情，更要靠精心细心的准备，马占山针对当时齐齐哈尔的实际情况，采取了一系列政治军事措施，为抗击日本侵略者做准备。他首先安定社会秩序，加强内部团结。马占山以省政府主席的名义下令擅离职守的军政两署人员马上恢复办公，任命了新的省城公安局局长，加强齐齐哈尔市的社会治安。10月27日，马占山发出命令，要求"全体军政人员振奋精神，尽心职务，对于应办各项事件必须逐日清厘次第，毋须停顿，倘仍如前泄沓不知奋勉，则是自甘放弃，玩忽功令，一经查出，定撤惩不贷。"这样下来，整个城市的秩序渐渐恢复，人民对政府的信心也增强了。大街上的商店也一家家开业了，学校里面也有学生上课了。稳定内部局势之后，马占山立刻着手准备嫩江桥的防御，以嫩江桥为防守重心，加紧修筑防御工事。为弥补兵力的不足，马占山多方调集军队，在嫩江桥一带总计部署了一万三千余人。马占山对汉奸张海鹏的部下发出公告，告诉他们如果带着武器投降，一律妥善安置，"献汉奸张海鹏首级者赏洋两万元"。同时马占山发表了《抵抗宣言》，宣言中说："当此国家多难之秋，三省已亡其二，稍有人心者，莫不卧薪尝胆，誓救危亡，虽我黑龙江一隅，尚称一片干净土。……尔后凡侵入我江省境者，誓必决以死战。"这一宣言鼓舞了军民的斗志，也向全国人民表明了坚决抗战的态度。此时的中国守军，气势高昂，准备充分，具备了与日军一战的条件。

"江桥抗战"被誉为"打响了东北抗战的第一枪"，在这次战斗中，马占山以黑龙江省政府主席和军事总指挥的名义通电全国，表明坚决抗日的立场，这也是"九一八事变"之后，中国官方对日本军队进攻第一次表明了态度。这场战斗，体现了中华民族的浩然正气和顽强不屈的斗争精神。敌军不仅有汉奸张海鹏率领的三万余人，还有日本关东军的多个旅团和联队，而中国军队参加战斗的只有一万三千余人，在人数上处于绝对劣势。在武器上，敌人有飞机、坦克、重炮，地空协同作战，马占山的部队只有三十多门火炮。在如此不利的条件下，从1931年11月4日到18日，马占山率领部队与日军鏖战数日，大量杀伤敌军，使日本侵略者自"九一八事变"以来第一次遭到如此沉重的打击。

这场战斗打得非常激烈，马占山从战斗开始，就不顾空中的飞机轰炸和地面的猛烈炮火，每天都亲自来到前线，用行动激励前线的将士奋勇杀敌。他在战场上讲话鼓励士兵们：日本兵是一个人，我们也是一个人，人和人相比有什么可怕的；

不要怕敌人飞机，它来投弹，散开卧倒就行了。马占山留在前线，当他看到中国军队面对日军的疯狂进攻，有抵挡不住的危险时，就鼓励下属誓死抵抗，决不后退，同时自己坚持在第一线指挥。马占山的身先士卒极大地鼓励了官兵们，他们个个奋勇杀敌，击退了敌人一次又一次的进攻。在战斗中，马占山根据敌强我弱的态势，坚决集中优势兵力，在嫩江桥防线阻击敌军。在战斗打响之前，他经过仔细的侦察，提出要采取诱敌深入的办法，等敌人离防线只有一百米的时候再开枪射击，这样敌人的飞机、大炮就不能进行有效支援了。

11月4日下午三点，日军对嫩江桥展开猛烈进攻，中国军队奋起抵抗，士兵们用手中的武器狠狠给予还击。他们遵循马占山的指示，等到敌军进入射程之后再开枪；敌人靠近战壕，他们就跳出战壕与敌军进行白刃战，让敌人的飞机大炮失去了作用。激战多时，日军惊叹于守军的顽强，开始向江边撤退。这时候，预先埋伏在江岸芦苇丛中的部队突然冲出来，在前后夹击下，日军死伤众多，只能做困兽之斗。中国守军开始用骑兵冲击敌人。这场血战一直持续到晚上八点钟，江北岸看不到敌军的踪迹，只有血肉模糊的四百多具尸体，战场上满是日本兵扔下的武器。

第二天早上，日本军队又开始进攻，中国军队的火炮也开始发挥作用，不断有日本士兵倒在前沿阵地上。这时候马占山又下令出动了骑兵团，以局部优势兵力冲击日本军队的阵地，包抄敌人的侧后方。日本军队虽然拼命抵抗，但是仍然不能前进，只有且战且退。在嫩江桥阵地，中国军队和敌人血战三天两夜，给敌人造成了重大杀伤。战事进行最激烈的时候，马占山只带了十几个卫士在第一线直接指挥，极大地鼓舞了战士们的士气。同时，马占山还派兵将张海鹏部伪军包围在河套一带，迅速将其击溃，夺回了被日伪军占领的阵地。马占山见继续战斗士兵们伤亡太大，下令趁夜晚撤出江桥、大兴阵地，到三间房阵地阻击敌人。马占山一面指挥前线作战，一面思考准备下一步的军事部署。三间房一带属于平地，没有可以防守的险要，在兵力和装备处于劣势的情况下，难以进行长期阻击。马占山和参谋长谢珂商量之后，决定先在三间房阻击敌人，打击敌人之后，将部队后撤，保存宝贵的有生力量。17日，日本军队援兵已到，四千多日本士兵在四十多门火炮、七八架飞机的掩护下，展开了疯狂的进攻。马占山带领将士浴血奋战，战士们多次和日本士兵展开白刃战。根据战场具体情况，18日上午中国军队开始按计划撤退。

江桥阻击战意义重大，它是"九一八"事变以来，东北抗日义勇军与日本侵略者的第一次大规模战斗，它不仅在军事上让骄横的日本关东军受到第一次重大打击，而且极大地振奋了民族精神，向日本帝国主义显示了中国人民不可战胜的力量，得到了全国各界的一致支持。国内各大报纸，如哈尔滨《滨江时报》，天津《益世报》、《大公报》，北平《晨报》，上海

《申报》等等，都大幅报道了江桥抗战，它们的标题是"民族英雄马占山奋起抗日"、"马占山异军兴起，日军北犯受阻"等。中华苏维埃政府，中央红军在南方致电热烈欢迎黑龙江军民抗日。中共满洲省委和北满特委立刻动员了工人、农民、青年学生和知识分子，组成"抗日援马代表团"到江桥前线进行慰问和宣传，很多人自愿到马占山的部队参加抗击日本侵略者的斗争。齐齐哈尔当地的群众纷纷组织起来，工人、农民、妇女、市民用各种方式支持马占山的部队，有的人冒着敌人的枪林弹雨，挖战壕筑碉堡；有的为前线战士昼夜赶制棉衣；有的拿出自家的面粉为官兵们蒸馒头、打烧饼。

江桥阻击战振奋了中华民族的自强精神，扭转了妥协投降的逆流，对东北和全国抗日救亡运动的发展，产生了深远的积极影响。

江桥阻击战后，马占山率领黑龙江军政人员和部分军队到海伦休整。之后三个月的时间，没有大的战斗发生，马占山利用这一难得的机会，抓紧扩充抗日武装力量。他一方面补充和整顿军队，一方面组织地方保卫团。他知道单凭军队的力量，是难以抵抗日本军队的不断侵略的。早在江桥激战正酣的时候，马占山就电令各县火速组织保卫团，之后又多次针对其中的问题，包括人员、组织、武器装备，下达具体的指令。地方保卫团很快建立起来，他们的枪支弹药，一半由地方各县自筹，一半由政府统一补充。马占山组织保卫团，扩充地方抗日武装力量，用有组织的民间武装来补充正规军队的不足，堪称深谋远虑。实际上，地方保卫团和各地兴起的义勇军后来成为马占山抗日军的主力。原来的正规军，产生了大量的战斗减员，还有一些投敌叛国，如果没有马占山组织民团的举措，很难继续坚持抗日。

虽然东北各地义勇军在不停地战斗，但是蒋介石仍在继续实行"攘外必先安内"的政策，妥协投降的声音也多了起来，国内外的局势都越来越严峻，日本侵略者对马占山的军事进攻和政治诱降从未中断。马占山向张学良多次呼吁抗日，只得到等待中央命令的回答。在这种情况下，马占山作出决定，暂时以黑龙江省"自治"的方式，向日本侵略者争取时间和空间，为今后的抗日做准备。他在1932年1月13日给南京国民政府主席林森的电报中说："现锦州已失，榆关以东已非我有，乃日人乘其胜，来海（伦）要挟威迫，百计应付，难期避免。复查辽省臧主席，业经就职，哈尔滨张长官已通电兼领江省政府主席，江省形势，已如釜底游鱼，环境实属危险。占山以身许国，本所无顾，第念人民涂炭，为堪虑耳。唯有相机应付，情形如何，结果难料。"

日本人对马占山的新态度大喜过望，任命他为伪黑龙江省长。马占山任伪黑龙江省长仅仅四十天。1932年2月21日，日本南满铁路所长宇佐美宽尔设宴招待马占山，在宴席上让马占山在已写好的铁路经营合同上签字，马占山对此严词拒绝。宇

日军在锦州城楼上

佐美一再纠缠了好几个小时，马占山发火了，他大声说："你们如此压迫，我不能忍受！即把你们的军队全调来我也不怕。你们买路不给钱，可拿血来换！"有人劝马占山在日本人面前要忍耐。马占山回答说："明知与敌硬拼，迟早必遭杀害，但天性刚强，不能忍辱，目前精神痛苦已极，生不如死，倘将来或遭不测，诸君为我收尸耳。"在马占山与日本人"相机应付"的四十天里，他利用自己的合法身份，将一部分军费和军用物资秘密送往黑河，准备抓住机会继续抗日。

4月2日晚上，马占山秘密下令让步兵、骑兵卫队开出省城齐齐哈尔，他自己率领副官、卫士二十多人，趁夜色坐汽车驶出省城，前往拜泉县城。4月7日，马占山回到临时省府所在地黑河，重新开始武装抗日。马占山到达黑河以后，重新组织黑龙江省政府，整编抗日军队。马占山成立了黑龙江省抗日救国军总司令部，自任总司令，统一指挥各地部队和抗日义勇军。刚一抵达黑河，马占山就召集黑河各界人士，仔细讲述了他与日人"虚与委蛇"的经过，表明了自己继续抗日的决心。马占山说："如我有功名富贵之心，则当退居海伦时，名已完成。手中拥有数百万之巨款，满可通电下野，效军阀之故伎，隐居海外，以享安乐，又何必如此劳心哉？"他表示自己有信心与日本人周旋到底："日本固有新奇的武器，我当以热血应付，日本固有猛烈的枪炮，我当以头颅拼挡"，"与日寇周旋三年五载，则最后胜利必属于我，甚愿同胞群起努力，挽救危局。"为了扩大抗日基础、争取农民的支持，马占山发表了《告农民要紧记七件大事》，对农民循循善诱，他说：在你们家中为自卫打算，收藏了枪支弹药，这种东西，日本军阀最注意的，如果收藏不好一旦被日本发觉，是有身家性命的危险，本主席对于这件事非常的担心，希望你们要好好的收藏至为重要！……现在人民受了日本军的压迫，不甘心去当亡国奴，就纠合同志组织抵抗日本军阀的义勇军。这是非常好的现象。但是这种义勇军差不多都是没受过军事训练，缺乏军队纪律的，他们的行动往往有很不当的地方，甚至听说常有抢劫行为，本主席对于他们的爱国热心是非常赞成的，对于他们时有不法行为是不能同意的，望你们明白这个道理，制止他们的越轨行为，援助他们的爱国事业。

除了鼓动广大群众抗战之外，这次马占山是决心和日本人血战到底，为了免去自己的后顾之忧，也为了激励部下抗战，马占山把自己的财产处理了，让妻妾们各自散去。马占山将地契文书分给佃户，把自己名下的商铺、电灯厂、烧锅、粮栈，分给合伙人，把心爱的牧群（马三百匹、牛三百头、羊七百只）全都分给了亲友，把自己的家人疏散，妻妾每人给川资三千元，让他们各谋生路。这种决绝的做法让马占山的家属们牵衣顿足，失声痛哭，他们苦苦哀求跟随他抗日，马占山大声说："如不走者，即当死去！"他这种破釜沉舟的抗日决心实在令人感动。

5月14日，马占山在黑河举行誓师大会，官兵们欢声如雷，发誓与马占山共同血战到底，参加誓师大会的黑河民众被这种悲壮的场面感动得纷纷流下了热泪。誓师大会之后，马占山的部队日夜兼程，5月28日到达海伦前线。

　　马占山到达海伦后召集了军事会议，商讨如何在现在困难的环境下与日军对抗。敌我力量对比悬殊，日军已经占领呼海路、齐克路沿线的主要城镇，在这种情况下，马占山决定用游击战术与敌人周旋。为了加强各部队的灵活性，马占山规定各支部队可以根据实际情况，自行制定战术，袭击敌人，破坏设施，截断交通，获取辎重，利用天时地利人和的一切有利条件，机动灵活地打击敌人，使敌人疲于奔命。在这种战略思想的指导下，马占山手下的各路义勇军主动出击，灵活机动地打击敌人，取得了累累战绩。7月1日，马占山给张学良发去电报："职离黑河来呼海各县，与敌周旋，因取游动袭击策略，多奏奇勋。每战结果，毙敌百名，我仅伤亡三十，似此十分之三，比例稍较得利。故敌顾此失彼，大有疲于奔命之势。"

　　6月下旬，马占山率领一支队伍越过呼海路向东进攻。这个消息被日军知道后，他们马上集结重兵，以一个师团的日军和数千名伪军的兵力前后围剿。马占山不得已，只好改变路线，向黑龙江省北部地区前进，在7月28日到达东兴安岭西侧的罗圈甸子。这时候日本军队和伪军追了上来，包围了马占山的部队。马占山不为所动，三天三夜的战斗之后，马占山率部

辽河河畔的日军

分部队突出包围圈，进入深山老林。这场战斗之后，日军发现一具蓄短须身带马占山名章的尸体，就认为是马占山。自此，伪满洲国大肆宣传马占山阵亡消息，把名章、死者相片、衣物运往各地展出，关东军还为此向天皇邀功，闹得满城风雨。正当敌人在报纸上大肆宣传马占山已经被"剿灭"，说"马占山已被击毙"，马占山却出现在龙门县城。原来他的部队在深山老林里走了四十多天，终于走了出来。最危险的一次，马占山身边只剩下八个人，躲在沼泽中，趁机冲出敌人的包围圈，冲进森林。整个部队饥寒交迫，很多战士倒下就再也没有站起来，到最后没有粮食，只能杀马充饥。好容易到了太平山金矿，当地有一个采金子的商人王老头，给部队提供了一些粮食，才救了燃眉之急。

马占山到龙门以后，开始制定进攻省城齐齐哈尔的计划。在马占山北进的时候，邓文、李海宵、才洪猷、李天德、张庆禄等各路义勇军坚持主动出击，异常活跃。日军和伪军因为调动大批军队去对付马占山，人手不足，只能困守在交通线各个车站，白天还可以出来活动一下，晚上不敢出动，只能待在据点里面。马占山觉得收复省城齐齐哈尔的时机已经到来，他决定组成四路大军围攻齐齐哈尔，他自己亲自带领第四军攻占齐齐哈尔以北的拉哈站，然后沿齐克路南下，和东、西、南各路大军围攻齐齐哈尔。

拉哈站地理位置重要，日军在这里驻扎了小泉联队二千六百余人。马占山10月20日带部队抵达拉哈站附近，21日破坏了杨大屯以西三十华里的铁路，切断了敌人的后路，包围拉哈站，向小泉联队发起猛攻。战斗从一开始就非常激烈，激战至29日，拉哈街内的日军基本被歼灭，少数退入车站死守。义勇军已经连续奋战了八天八夜，伤亡严重，极度疲劳。马占山下令一部分部队撤出战斗休整。31日，义勇军重新发起进攻，日军渐渐难以抵挡，他们退入车站的楼房和地窖内据守。义勇军没有重炮，每次一到楼房附近，就遭到日军机枪的猛烈杀伤，虽然官兵奋勇拼杀，但始终不能攻克敌人据点。马占山心急如焚，思索该如何继续进攻，他在大街上一边走一边思考，突然看见大街上有很多大车木轴，这些木轴都是大车坏掉后留下来的。他发现这种木轴很像炮筒，也许可以做成土炮。马占山叫来工匠一起研究，最后终于让他们研究成功了。将木轴锯成两段，中间凿成炮腔，合在一起用铁皮紧紧包住，里面装进火药、铁片、铁球，就制成了一种新式土炮。在随后的战斗中，马占山命令用土炮向日军轰击，一举将日军固守的楼房轰塌。这一下大大出乎敌人的意料，他们还以为马占山的部队用上了迫击炮。日军又退入地窖内负隅顽抗，义勇军多次进攻未果。马占山决定用抽水机往地窖内注入煤油火攻。正在这个时候，日军四千多人和伪军一个旅赶到了，发动了猛烈的反攻。义勇军经过二十一昼夜的激烈战斗后，人困马乏，马占山决定撤出车站休整。

与此同时，其他各路进攻齐齐哈尔的义勇军进展也都不顺利。马占山深感到情况严重，11月中旬赴扎兰屯，与义勇军其他领导会合。这时的黑龙江大地，风雪交加，战士们渴了喝雪水，饿了吃马肉，冷了烧马骨，补给困难，处境十分艰难。马占山只好放弃围攻省城的计划。黑龙江省各部抗日义勇军联合进攻齐齐哈尔，虽未达到预期的战斗目的，但官兵们的英勇奋战给予日本侵略者沉重的打击。这次战斗不仅威胁了日本在黑龙江省的统治，同时牵制了日本关东军的主要兵力，减轻了吉林、辽宁两省义勇军的军事压力。马占山作为黑龙江省抗日义勇军的主要领导人，率领各路义勇军抗击日寇的侵略，体现了"宁为玉碎不为瓦全"的民族气节，展现了英勇不屈的民族精神。他不惜毁家纾难，放弃个人优越的生活条件，坚持在民族抗战的第一线，这种爱国主义的精神，值得我们学习。

黄显声首倡义勇军

首倡除奸寇，

组成义勇军。

雄威破虏胆，

惜未策殊勋。

　　"九一八"事变后，日军开始对东北进行全面侵略，东北军政当局奉行国民党政府的不抵抗政策，导致整个东三省迅速沦入敌手。但是不愿当亡国奴的东北人民和一部分爱国官兵为了保家卫国，组成了抗日义勇军，和日本帝国主义进行坚决的斗争。在这场斗争中，黄显声发挥了重要的作用，"九一八"事变后，他是第一个主张并且实行武装抗日的东北军高级将领，也是最早组织民众抗日义勇军的。

　　黄显声，字警钟，别名惊中，辽宁凤城人。1896年12月18日出生在凤城县苇山河村。黄显声早年就读于安东道立中学，

"九一八事变" 日军占领吉林

1918年进入北京大学补习班，后来因为参与"五四"运动被迫辍学。黄显声成长的年代，中华民族正饱经忧患，这种历史环境塑造了他强烈的爱国反帝思想。在北京大学求学的黄显声是一个有理想、有追求的爱国青年。他如饥似渴地阅读了众多进步书籍，还发奋学习俄语，渴望更多地了解世界上第一个社会主义国家苏联的情况。1919年，他投身伟大的"五四"爱国运动，当时一些进步的同学被北洋政府逮捕，黄显声挺身而出，和其他同学一起探望被捕同学，还将爱国传单寄往锦州，让亲友帮助散发。"五四"运动结束之后，黄显声返回沈阳，又考入东北讲武堂三期炮科，结业后进入东北军，当过营长、旅长。他治军严谨，受到张学良的信任，1930年春成为辽宁省警务处处长兼沈阳公安局局长。

黄显声担任辽宁省警务处处长兼沈阳公安局局长之后，有感于警界内部腐败横生，社会上烟毒泛滥，曾经下大力禁烟、禁赌。有一次，阎宝航、张西尧等爱国人士组织的"辽宁拒毒联合会"扣留了日本人从瑞士走私的海洛因三百八十多包及鸦片四百箱，总价值上百万。"辽宁拒毒联合会"决定将这些毒品在沈阳小河沿公开焚烧，邀请外国领事到现场见证。大会当天，黄显声派出大量警察帮助维持秩序，上万市民学生高呼"粉碎日本纵毒侵华阴谋"的口号，气氛十分热烈。还有一次，黄显声查处了热河省主席汤玉麟的大批鸦片烟土，汤玉麟是"东北王"张作霖的结拜兄弟，黄显声不畏权势，将查获的烟土全部焚毁。他的这些举动让沈阳的群众对他十分拥护。当时日本满铁株式会社的军警飞扬跋扈，不断扰民，而黄显声，在民族利益上寸步不让，几乎和对方发生武装冲突。日本关东军因此对黄显声恨之入骨，日军在占领沈阳之后，首先就把黄显声的家抄了。

在"九一八"事变之前，黄显声从各方面搜集的情报感觉到事情不对劲，他直接向张学良做了报告，张学良说："王树翰代表自己到南京向中央政府汇报，蒋介石的指示是，有九国公约和国联，日本不能强占我国领土，因此不必过于慌乱。万一日本进攻也不可抵抗，以免事态扩大，将来处置会有更多的困难。"黄显声表示了自己的担忧，张学良说："你们地方武装可加紧训练，严加戒备。"黄显声回到沈阳之后，立刻扩充了各县公安队的编制，建立公安联防区，将自己手下的公安部队和各县警察编为十二个总队，更换武器，准备应对可能发生的不测事件。

9月初，日本关东军给辽沈一带的日本人发放枪械，沈阳等地人心浮动，黄显声立即用警务处的名义发布紧急通知，让全省五十八县公安队到沈阳领取枪支弹药，沈阳原来库存有东北军历次入关作战缴获的二十余万支枪，命令下达不长时间，这些全都发放到县里，每支枪还配了五十发子弹。辽西、辽南、辽东各县领走了最多的枪，为这些地方组织民众抗日武装创造了有利条件。

9月18日下午，黄显声接到公安督察长熊飞报告，报告说当天早上日本特务机关长土肥原贤二由日本回到沈阳，到沈阳之后土肥原贤二立刻与日本关东军司令本庄繁会面，从这种情况看日军可能在近期有所行动。黄显声思索之后，一直在公安局值班，防止发生意外事件。夜里10时20分，"九一八"事变发生。10时50分，七旅旅长王以哲到市公安局与黄显声商量该怎么办。黄显声对他说："公安局各分局队，将尽力支持，非到不能抵御时，决不放弃驻地"，又加了一句，"市区不能打，我拉出去打，打到底！"

第二天早上，日本侵略军占领了沈阳市大小西关。黄显声一声令下，市内各处警察大队和公安分队纷纷起来抵抗日本侵略者。但敌军火力强大，黄显声的队伍伤亡严重。他命令各部向东关公安总局及公安总队部集中，继续抵抗日军。9月21日夜，沈阳各城门及东关公安总局、公安总队部大门被日军用坦克打开，黄显声下令各分局分队尽量多带一些弹药退出沈阳，向锦州集中。黄显声自己留在沈阳观察局势，随后才化装离开沈阳，去北平向张学良请示下一步该如何行动。

沈阳撤出的警察及公安队陆续到达锦州后，黄显声考虑到东北的局势危急，立刻下令让原沈阳市公安局督察兼公安总队长熊飞整编警务处领导的警队。除了整顿自己的队伍，黄显声还积极支持其他的抗日力量和组织。9月27日，东北爱国人士高崇民、阎宝航、王化一、车向忱、卢广绩等在北平成立东北民众抗日救国会，组织领导东北各地人民的抗日爱国活动。黄显声全力支持救国会，并让熊飞担任东北民众抗日救国会军事部长。9月底，黄显声召集锦、义、兴、绥、北、黑、盘、台等县公安局长开会，统一指挥，积蓄力量。他从各县抽调一部分警察补充到公安队，将自己领导的部队整编为三个公安骑兵总队。为了集中全省的抗日警察力量，黄显声下令让全省各县联系自己设在锦州的省府警务处，各县的公安局长纷纷赶往锦州听候黄显声的指示。黄显声一边整编和集结警察公安武装，一边思考应该如何打开局面，扭转东北抗日的不利形势。经过缜密的思索，他决定拿日本人刚刚拼凑起来的两支汉奸队伍开刀。

日本军队一边加紧侵犯辽宁、吉林和黑龙江，一边积极建立汉奸政权，招降纳叛，组织汉奸队伍。日本关东军委任老牌汉奸凌印清为东北自卫军总司令，给凌印清派了十五个日本顾问加以控制，其中以仓岗繁太郎为首。凌印清的司令部设在盘山沙岭镇，为日军做先锋，企图先进攻锦州，再控制辽西地区，下一步长驱打入山海关。当时日方报纸宣称凌印清的部队有十八个师，八万之众。为了打击卖国求荣的凌印清认贼作父的气焰，黄显声决定以武力消灭这股汉奸队伍，他派出熊飞率领两个公安骑兵总队剿灭凌印清。熊飞采取软硬两种手段，一方面派人做凌印清手下第一师师长项青山的工作，讲清民族大义和现实利害，项青山表示愿意回到抗日的队伍里，熊飞的部

"九一八"事变时的日本军队

队和项青山一道，将汉奸凌印清和全部日本顾问十五人一网打尽。黄显声下令将以凌印清为首的汉奸全部就地枪决，日本顾问只留仓岗繁太郎一人。

除了凌印清这支汉奸队伍外，日军还扶植了另一个大汉奸张学成。张学成，字铸卿，是张作霖二哥张作孚的长子，张学良的堂弟。他从小和弟弟妹妹由张作霖抚养长大，先后在军阀张宗昌和石友三手下做过军官。"九一八"事变之后，张学成从天津跑回沈阳，表示愿意和日本人一起稳定东北的局势。关东军司令官本庄繁听到消息，如获至宝，将张学成当成凌印清的替代者。本庄繁对张学成说："日军进军东北，原无侵占东北之意，本意促使令兄张学良的觉悟，脱离蒋介石牢笼，速归东北，实行中日亲善，共存共荣，共同保卫满蒙，防御赤化势力的侵入。不想令兄张学良执迷不悟，反友为仇，因此请你出来，共同协力剿灭辽西的东北残军，恢复东北秩序。我保障你做个东北军政两方面的大首领。"凌印清被黄显声消灭之后，日本关东军司令部在11月初委任张学成为"东北自卫军总司令"，张学成的司令部设在黑山县高山子附近，同样以日本人为顾问。得到日本人的支持之后，小人得志的张学成，乱发委任状，封官许愿，收编不少杀人放火的土匪，号称手下有十八个旅。张学成的队伍还在日本侵略者的授意下打出了红蓝白黑满地黄的旗帜，也就是后来"满洲国"的所谓"国旗"，可谓无耻之极。张学成作为张学良的堂弟，这种特殊身份正是日军看重的，日本人想利用张学成在东北的影响瓦解东北人民的抗日意志。张学成本人想和叔父张作霖一样当"东北王"，同时十分熟悉东北的情况，如果放任他与日军勾结发展壮大，对东北人民的抗日斗争有巨大的破坏作用。当时锦州军政两署对如何处理张学成都感到比较棘手。黄显声说："谁投降日本做汉奸，都应当消灭他，张学成也不能例外，并且张副司令也不会同意他的堂弟做汉奸的。"为此，黄显声亲自去北平见张学良，建议张学良及早消灭张学成的部队。张学良为此特意召开了张学成弟弟张学文参加的家庭会议，会上一家人都认为张学成背叛国家和人民，应该受到惩罚。黄显声得到张学良的命令后，派出公安骑兵总队进攻张学成的部队。在黑山县高山子，双方展开激战，张学成和日本顾问被击毙，他手下的乌合之众不是被击毙就是作鸟兽散。经过黄显声的努力，日本帝国主义在辽西两次组织伪军的阴谋皆以失败告终，东北人民的抗日情绪为之一振。

消灭张学成和凌印清之后，辽宁省政府代主席米春霖不在锦州，参谋长荣臻也经常在北平办公，在锦州的省政府实际上是由黄显声负总责。黄显声当时面对的最大问题就是没有足够的抗日武装力量。在此之前，日本关东军司令部参谋石原莞尔下达了轰炸锦州的命令，十二架日本飞机向锦州城投下了七十五枚二十五公斤的炸弹，炸死了无辜的民众三十多人。整个锦州的气氛十分压抑，急需振奋军民对日抗战的精神。

黄显声明白单纯依靠现有警察和公安骑兵总队的力量，远远不能满足抵抗日军的需要，在国民党政府奉行"不抵抗"政策的情况下，得不到中央政府的支持，要想坚持抗日，就必须大力发展群众武装力量。黄显声趁着日军还无暇向西进攻锦州，坚持不懈地组织民众抗日义勇军。他下令辽宁各县公安警察尽力发展武装力量，等待时机。除此之外，黄显声积极与各地爱国人士合作，全力支持抗日义勇军的发展。他希望通过自己的努力，在辽西一带组织八万人的义勇军。黄显声规定民众抗日武装首领，百人以上的授上尉衔，骑兵二百五十人或步兵五百人以上的委任为少校营长，骑兵五百人或步兵千人以上的委任为上校团长。这段时间，各地抗日志士纷纷向锦州汇集，黄显声将他们编为二十几路义勇军。与此同时，黄显声还继续发展民团力量，这些民团由当地的农民组成，平时劳作，战时打仗，藏兵于民，其中有相当一部分民团发展为义勇军，战斗在抗日的第一线。

组建东北抗日义勇军，就是为了和敌人作战。义勇军组建不久，就开始和日本军队在战场上真刀真枪地干。11月，日本关东军在沈阳附近集结重兵，准备进犯辽西。11月27日，黄显声派出项青山指挥义勇军在青岗子一带狙击日军，日军先头部队受到当头一棒，不得不撤回到沈阳，敌人第一次对锦州的进攻失败。日本关东军司令部也不得不承认："虽痛感有迅速讨伐这些匪贼的必要，但顾虑以现在兵力不但不能迅速收到效果，而且会因讨匪和锦州中国军队主力发生冲突，以致陷我军于危急状态。""各部队也同样认识到，如在敌人设有阵地的大凌河右岸正式打起仗来，将会发生事变以来未尝有过的大会战。"黄显声指挥的抗日义勇军，不仅直接抵挡敌人进入辽西，成为华北抗日的屏障，打击了日军"九一八"以来的嚣张气焰，也鼓舞了广大群众的抗日热情，推动了东北抗日义勇军的发展。

除了大力组织义勇军，黄显声还利用留在沈阳的旧部搜集情报。沈阳县公安局长张凤岐到锦州和黄显声见面，黄显声秘密派他回到沈阳，利用公安局长的合法身份搜集相关情报。张凤岐回到沈阳后，联络旧部，一边搜集日军和伪政府的各种情报，一边秘密联络抗日志士，为义勇军收复沈阳做准备，先后七次向黄显声送出沈阳等地日伪情报，黄显声和他一直保持着密切的联系。1932年5月初，张凤岐偶然暴露了身份，惨遭日本警察杀害。当时沈阳的日伪政府对张凤岐事件十分震怒，下令所有报纸都不许报道这一事件，对沈阳等地的伪军警进行了大规模的审查。

1931年年底，日军对吉林、黑龙江的进攻结束，12月初，日本关东军分兵三路，开始进攻东北最后一座重镇锦州，锦州的形势十分危险。在日军进攻之前，国民党政府曾向国联提出划锦州为"中立区"，与日军约定以大凌河作为"中立区"的东部边界，国联调查团来东北调查之前，日军不得越过大凌

日军杀害东北义勇军

河，中国除维持治安的警察部队外，"中立区"也不保留军队。国民党政府幻想一纸空文能够束缚日本侵略者，纯属"一厢情愿"的异想天开，只不过是忙于派系之争的国民党政府对日军侵略的拖延敷衍而已。这让诸多抗日志士愤愤不已。日本人也从来不想遵守"中立区"的约定。

本来，张学良曾经想利用"中立区"赢得时间，把驻扎在关内的东北军编成两个军，开往关外防守大凌河防线，在锦凌地区与来犯日军决战。黄显声从实际情况出发，给张学良打去一封电报，提议："大凌河已结冰，工事亦欠坚固，与其待敌进犯，何如转取攻势。为避免国联责难，可俟敌军越过大虎山，即迎头痛击。现警务处所属公安大队已潜伏在皇姑屯等处，沈阳日军现甚空虚，相信收复沈阳确有把握。"张学良对此电报未置可否，只是告诉黄显声："荣参谋长日内返防，余之决心及处置即知之矣。"不料非但荣臻没有返防，大凌河防线上有限的东北军也撤入关内。驻扎在锦州一带的东北军步兵第十二旅、第二十旅和骑兵第三旅等正规军相继撤退入关之后，锦州以东就只有黄显声指挥的公安队伍了。在这种情况下，他明知手中兵力远远不足以抵抗日军，但出于爱国义愤，依然挑起了孤军防守锦凌的重担。此时日军集中了第八师团、第二师团和第三十九师团，准备对锦州进行大规模的军事行动。黄显声一方面对国民党政府的政策更加不满，一方面加紧军事准备。

辽宁省政府大部分人员开始撤离锦西，只有黄显声和省政府秘书长黄恒浩、秘书刘澜波留在锦州。黄显声冷静地布置了锦州的防御，安排公安骑兵总队第一、二总队驻锦州附近，第三总队防守大凌河南岸。1932年元旦，黄显声召集锦州各界知名人士开会，会上，面对劝他及早撤离锦州的各方人士，黄显声表示："守土有责，绝不退让。"并且号召大家一同坚持抗日。

1月2日，日军先头部队第八师团到达大凌河东岸，利用炮火掩护攻击，分三处强行渡河，公安骑兵三总队当即奋勇还击，但双方众寡悬殊，武器装备更有巨大差距，战士们虽然英勇杀敌，但未能抵挡住日军的脚步。天黑后，公安骑兵三总队开始向锦州城内撤退。根据战场情况，黄显声命令熊飞留守锦州城，自己带领省政府工作人员撤到城西杨官屯。第二天凌晨，日军对锦州城发起总攻，锦州随即陷落。

锦州失守后，黄显声组建东北民众自卫义勇军总指挥部，指挥各种义勇军约三万人继续抗日。之后他又协助在北平的救国会组织东北义勇军。返回北平后，1932年秋天，黄显声的部队改编为骑兵第二旅，不久又扩编为骑兵第二师。1933年，日本军队在山海关制造事端，中国军队奋起反击，长城抗战开始，山海关、喜峰口、罗文峪、古北口、南天门等地发生激烈战斗。虽然国民党政府还是步步退让，热河省省长汤玉麟只顾征用汽车搬运自己的财产和鸦片，但是富有爱国热情的广大官兵们，还是用热血铸就了新的长城。看到日本对华北的侵略野心，黄显声毅然率领骑兵二师出关抗日，准备狠狠打击日本侵略者。骑二师移驻白马关，先头部队一团继续前进，到隆化一带与日军作战。此时的蒋介石依然奉行"不抵抗政策"，国民党政府命令二十五师跟随黄显声的部队，截断了骑二师的后路。黄显声部队的处境十分险恶，前面有凶恶的日军，后面本来应该是援军的国民党军队反而产生了威胁。黄显声对此感到怒不可遏，他命令部队："保持作战戒备，他们要打，就坚决和他打，他们不打，就快速通过。"骑兵第二师不得已，在国民党二十五师的监视下从第一线撤了回来。这种荒谬的情况让骑二师的官兵十分不满："蒋介石自己不想抗日，还不许别人抗日，谁抗日就对付谁，真不知道他肚子里安的什么坏心！""如果不是二十五师捣乱，我们骑二师在前线是打胜仗的。"这些话说出了广大东北义勇军官兵的心声。

黄显声虽然住在北平，不能像在东北一样率队杀敌，但是对抗日义勇军仍多方提供力所能及的帮助，多次慷慨解囊帮助来北平的义勇军领导人。1934年5月，东北中学全体师生荷枪实弹去南口进行军事演习，这所中学是由北平东北救国会主办的，专门为义勇军培养青年骨干。这时候几十名日本士兵坐着卡车，开始对师生们挑衅。主持演习的王化一立刻打电话向骑兵二师求救。黄显声表示："即命全师骑兵准备出发，如果开火，只要学生们能支持几小时，骑二师一定赶到支持！"交涉之后，日本士兵不得不退走。这件事情之后，日本人更加痛恨黄显声，北平沦陷后黄显声的家再次被日本人抄了。

面对残酷的现实，黄显声在思想上也有所转变。在辽宁黄显声就曾聘请原省府秘书、共产党员刘澜波为自己的秘书。到北平之后，他通过刘澜波和中共北方局建立了联系，中国共产党先后派出多名共产党员在黄显声的部队中展开工作。骑二师是"东北军中建立党组织较早的一支队伍"，黄显声是"东北军高级将领中最先接触并接受党的领导的将领之一"。这也成为他受国民党当局忌恨的重要原因。

西安事变后，张学良送蒋介石回南京被扣留。黄显声去了武汉，在周恩来的介绍下，准备去延安。1938年2月2日，国民党特务在汉口将黄显声秘密逮捕，以所谓"通共"、"联络东北军反抗中央"等罪名，将他秘密关押，辗转多地，后来关押在重庆"中美合作所"。1949年重庆解放前夕，蒋介石亲自下令将重庆监牢中的共产党员和进步人士全部杀害。11月27日下午，特务杨进兴走进黄显声的囚室，他说："主任找你谈话，让你马上去。"黄显声穿上一件草绿色夹克衫，走出了关押自己的囚室。当走到步云桥附近的山坳时，杨进兴突然拔出手枪，从背后对着黄显声连开两枪，一弹打穿右臂，一弹打穿胸膛。黄显声中弹后，回头怒视特务杨进兴。一代爱国将领不能在疆场杀敌，反而丧于宵小之手，堪称悲剧。

重庆解放后，重庆市人民举行隆重的追悼大会，沉痛追

"七七事变"时的日本军营

悼这些死难的烈士，中共中央西南局和人民解放军第二野战军负责人刘伯承、邓小平等亲自前往祭奠。当时重庆《新华日报》曾经这样报导："杨虎城将军十三年前的遗像安放在灵堂中央，他的两旁是殉难的三十二位最优秀的共产党员和进步人士的栩栩如生的画像，他们是死难烈士的代表，这里有蔑视匪徒从容就义的中国共产党四川省委书记罗世文，有张学良将军麾下的革命军人黄显声……"中共中央西南局给黄显声的挽联是："西安举义展奋全国，重庆成仁永垂不朽！"

黄显声生前在狱中写的最后一封信中说："我就是万一不测，是为追随张学良先生反对蒋某'攘外必先安内'，主张对内和平，对外抗战而牺牲的。这是对得起国家人民的，是光荣的。"黄显声在十分困难的抗战形势下，首先站出来组织抗日义勇军，表现出了对国家和人民的高度责任感，他身上的这种爱国主义人格精神，在中华民族危难之际，总是会在许许多多爱国志士身上闪耀光芒。

铁岭开原附近作战的日军

苏炳文海满抗战

鹤警沿江费运筹，争看砥柱在中流。

飞来剑气冲霄汉，唤起军声彻斗牛。

正气有歌文宋瑞，鞠躬报国武乡侯。

一灯残夜观青史，旷代何人与古俦！

苏炳文，字翰章，别号铁愈。1892年10月22日生于辽宁省新民县中古城子屯。苏炳文家在农村算是比较富裕的，家里五世同堂，有二十余垧土地，以务农为生。苏炳文的父亲是个比较开明的人，多年从事教育工作。

苏炳文成长的年代，中国正在遭受帝国主义列强侵略。他两岁时，发生了中日甲午战争；八岁时，八国联军入侵中国；十三岁时，日俄战争的战火又起。东北人民深受战争之苦。面对帝国主义瓜分中国的野心、清政府的腐败无能，只要是有血性的中国人，都会感到义愤填膺。苏炳文的父亲任教学校的师

苏炳文

生们也都心怀救亡图存的愿望，经常在一起议论国事。这些深深感染了幼年的苏炳文，对他的一生产生了深刻影响。他后来回忆说："深恨国家之衰弱，痛愤异族之侵略，欲转弱为强，雪耻复仇，非有武力不能图存，慨然抱投笔从戎之思想。"

1905年，清政府在沈阳的老将军府创办了陆军小学，陆军小学的办学宗旨是：军人以身许国，不得顾及家庭；军人以保国卫民为天职；期限三年，授以严格的军事教育。苏炳文听说之后，决心投考陆军小学，但遭到家中的多数长辈反对，阻力重重。还好苏炳文的父亲正在沈阳，得知这件事情后，捎信叫苏炳文去沈阳。苏炳文大喜过望，但是家中长辈不给车费，他自己徒步走了两天，终于走到沈阳。在父亲的支持下，他报考了陆军小学，经过层层严格考试筛选被录取。1910年，这批毕业生被送入北京陆军第一中学深造。苏炳文到北京后，耳闻目睹了清政府腐化堕落，对内剥削压迫，对外软弱无能，这些都让苏炳文十分愤怒。1912年，苏炳文考入了保定军官学校，接受更为系统全面的军事教育。

辛亥革命的胜利被以袁世凯为首的北洋军阀夺取。袁世凯为了登上皇帝宝座，极力扩充军队，增强自己的实力。袁世凯在北京成立了模范团，模范团选择北洋各部队最优秀的军官士兵集中训练，保定军官学校毕业生三百人也被选中参加训练，苏炳文就在这三百人之中。1914年，苏炳文成为北京陆军混成模范团上等兵。

袁世凯称帝之后，遭到全国人民的强烈谴责和一致反对，各地纷纷发起讨袁运动，袁世凯匆忙退位，不久病死。袁世凯死后，北洋军阀四分五裂，分别投靠不同的帝国主义势力，分化为直、皖、奉各派，苏炳文所在的部队属于皖系军阀。在那个动荡的年代，苏炳文先后参加了讨伐张勋复辟的讨张战斗、直皖战争、直奉战争。他空怀报国之心，却陷于军阀混战。1924年，张作霖派兵入关，发动第二次直奉战争。奉系第十军军长郭松龄反对张作霖穷兵黩武，酝酿发动兵变，邀请苏炳文参与。郭松龄兵变失败后被杀，张作霖对参与兵变的官兵采取了既往不咎的做法，苏炳文继续担任军职，后来因为军功升任旅长、师长。

1928年，张作霖被日本关东军炸死在沈阳皇姑屯。张学良继任为东北保安总司令。苏炳文被张学良派往黑龙江省任督办公署中将参谋长兼国防处长。1928年末，苏炳文担任东北边防驻江副司令长官公署参谋长兼国防处长、省府委员；1930年，苏炳文调任黑龙江省呼伦贝尔警备司令、中东铁路哈满线护路司令、步兵第二旅中将旅长兼市政筹备处长，此时的苏炳文掌握海拉尔和满洲里地区军政大权，是黑龙江省军政界举足轻重的人物。

1931年，日本帝国主义发动"九一八"事变之后，蒋介石奉行"不抵抗"政策，不允许东北军与日军作斗争，在这种情况下，日本关东军很快占领了辽宁和吉林，接着又进犯黑龙江省。国难当头，面对选择，是坚决站出来和敌人作战，还是屈膝投降，保证个人的荣华富贵？苏炳文心情十分沉重，他回想自己的从军岁月，军阀混战一刻不停，实在对国家破坏太大，现在国家到了不能不"以武力图存"的时刻，作为受到国家培养的军人，必须站出来。苏炳文写下这样的诗句："鹤警沿江费运筹，争看砥柱在中流。飞来剑气冲霄汉，唤起军声彻斗牛。正气有歌文宋瑞，鞠躬报国武乡侯。一灯残夜观青史，旷代何人与古俦！"他用文天祥和诸葛亮的精神鼓励自己，将全家二十余口人送到北京，自己孤身一人全力准备对抗日本军队的进攻。

1931年10月16日，日本侵略者指使汉奸张海鹏进犯黑龙江省府所在地齐齐哈尔，被守卫嫩江桥的中国军队击溃。江桥的枪声标志着黑龙江省抗日义勇军战斗的开始。

此时的黑龙江省主席是马占山。苏炳文的资历在马占山之上。当时苏炳文的朋友曾对他这样说："马占山这次代理主席，论知识、论才智、论资格，都不如你。中央既然下了这样的命令，你不要因此将抗日救国的情绪减低。我们弟兄是军校出身，在此国难当头之时，应当以国家为前提，要虚心容忍和马占山团结抗日，共赴国难。"苏炳文回答说："你的建议，我极表同情，况我早就下了坚定的决心，个人的利害久已置之度外。我们军人保国御侮责无旁贷，敌如来侵，宁为玉碎，不为瓦全，对于倭寇绝对抵抗到底。请你放心。"他认为对马占山"只有团结合作，共御外侮而已"。

不久，苏炳文率领步兵二旅加入了江桥抗战，立下了不少战功。1932年的海拉尔和满洲里地区，没有进驻日本关东军，被称为一片净土。但是社会上流言很多，有的说苏炳文不是投降就是逃跑；有的说苏炳文是因为日本人还没有给他高官厚禄，所以不愿意投降日本人；还有的人说，苏炳文不会投降，现在是在糊弄日本人。与此同时日伪当局采取各种手段试探、拉拢苏炳文。

1932年3月，日伪在长春举行伪满洲国"建国"和溥仪的就职仪式，邀请苏炳文参加，苏炳文严词拒绝。日本关东军第二师团长多门二郎邀请苏炳文到齐齐哈尔会谈，又被苏炳文拒绝。日本关东军又派出伪军政部次长带领一批人到海拉尔和满洲里地区活动，表面上是检阅部队，实际上是搜集海满地区的情报，瓦解海满地区的抗日军队。4月，日本关东军司令部派出宫崎少佐去海拉尔见苏炳文，对苏炳文诱以高官厚禄："中东铁路护路总司令、满洲国军政部部长、黑龙江省省长等三个职位，您可任选其一，以资借重。"苏炳文明白日本人是采取调虎离山的计策，让自己离开海满地区，好瓦解自己手下的抗日部队，他推辞说："本人才力威望不足，恐怕难以胜任。"后来黑龙江伪省长韩云阶、伪警备司令程志远也多次派人试探苏炳文，并电请苏炳文主持黑龙江省军政，还请他到省城议事。所有这些拉拢，苏炳文一律拒绝。日本人停发苏炳文部队的军饷，要求向海满地区派驻伪国境警察队，甚至发出武力威胁："如不允许，即系怀有敌意，日军将派一个旅团护送前往。"

苏炳文考虑到现在还不能和日本人公开翻脸，他手下的正规部队只有第二旅的两个团，总兵力五千人。呼伦贝尔地区地域广大，民族众多，地广人稀，这点兵力实在是捉襟见肘。而且在江桥抗战中，第二旅伤亡严重，武器装备又很难得到补充，每支枪还不足二百发子弹。在这种情况下，如继续拒绝伪国境警察队进入，日军就会借此机会大举进攻，这一片净土也将被日本侵略者的铁蹄蹂躏。伪国境警察队只有一百二十人，左右不了大局。苏炳文想：只要自己的队伍还控制着海满地区，必要时可随时消灭伪国境警察队。于是苏炳文同意伪国境警察队进驻，但有一系列条件：伪国境警察队可搭乘客车，进入满洲里后"国防务须受当地驻军部队长官节制，地方治安仍由当地公安机关负责维持"。当时日本关东军希望用政治手段诱降苏炳文，勉强答应了他的条件。由中、日、朝混合组成的伪国境警察队驻入满洲里，还有一部分驻扎在海拉尔。

苏炳文的决定，引起了海满军民的不满和误解。第二旅的官兵们对此更是义愤填膺，一位营长气得要把部队拉走单干。扎兰屯的第一旅护路军士兵，听说伪国境警察队队长要去长春做汇报，把他诱骗下火车秘密处死，战士们还沿嫩江西岸一带加强防御。海拉尔行政公署的工作人员看见公文上有伪满洲国

1932年日军在锦州附近的长城上

的"大同"年号，感到难以忍受，纷纷说："不能干了，这不成亡国奴了！"

苏炳文虽然受到了误解，但是广大群众和官兵的爱国热情给了他很大鼓舞。为对付伪国境警察队，他派心腹到满洲里与日本领事山崎诚一、特务机关长小原重孝、伪国境警察队长宇野等人"交朋友"，麻痹敌人，争取时间。苏炳文对自己的秘书诚恳说，"你放心吧。我不能叫你们失望的。我不能做对不起你们的事情。我是做汉奸的人吗？做汉奸，怎能对得起大家，对得起海满父老，连我父亲也对不起。你到满洲里去吧，协助满洲里市长。这事情很重要，你不能因喝酒漏岗，引起日本人怀疑。要沉住气。"

与此同时，苏炳文积极备战。苏炳文把一百三十多名从敌占区逃来的青年学生编成学生连，进行军事训练，同时到各地招募新兵，成立了步兵第九团，骨干就是学生连。当时当地有一百多名沈阳东北兵工厂的逃亡工人，他将这些人组织到一起，秘密创办了兵工厂。这个秘密兵工厂条件十分简陋，也缺少材料，但工人、技术人员发挥最大的积极性，不畏艰难，日夜奋战，用洋灰、铁丝、炸药等简陋的原料造出了地雷、手榴弹，有力地支援了前线战斗。有了武器，还要有粮食。苏炳文在海满储存了一个月的粮食，扣留了从哈尔滨来的数百辆货车、客车和车头。呼伦贝尔区蒙古族较多，伪满洲国成立后，日伪大力拉拢蒙古族上层，把这一地区划为"兴安北分省"，任命蒙古族人凌升为"分省省长"，福松亭为蒙古族部队"司令"。因此，必须做好蒙古族同胞的工作，才能团结一心抗日。苏炳文对凌升说："举兵东进是为收复失地，如能获得胜利，除防守满洲里国境外，呼伦贝尔全境交给都统治理，倘若失败，也决不在呼伦贝尔地域作战，避免祸及蒙民。"经过工作，对日作战得到了蒙古族人民的一致支持，凌升还派出三百多蒙古族战士编入救国军。

苏炳文的紧张备战被日军察觉到，日本关东军借口张殿九旅长年纪太大，不适合再担任旅长职务，下令撤掉张殿九"哈满护路副司令"兼黑龙江陆军步兵第一旅旅长的职务，让汉奸冯广有接任。张殿九为此特意到海拉尔与苏炳文商量对策，苏炳文对他说："唇亡则齿寒，大敌当前，岂能坐以待毙，唯有奋起抵抗，力尽卫国守土的天职。"苏炳文派出第六团进驻富拉尔基，阻止冯广有上任。

看到事态的变化，日伪多次威胁利诱，派人到海拉尔劝说苏炳文不要与日本人对着干，要他到伪省城议事。苏炳文对这些都用生病的借口回绝。日伪先后派出伪黑龙江省军署参谋长谢珂、伪黑龙江省司令官公署参谋处长金奎璧、伪省参议陈鸿猷等当说客，没想到这些人趁机一去不复返，加入到海满地区的抗日队伍中。日本人又派出驻龙江领事林义秀少佐，他突然乘军用飞机来海拉尔，要求见苏炳文。苏炳文在床上装病，对林义秀说："等病好了之后，就到省城去，也愿意辞职去休养，但需要等一些日子，以便自己部下安心。"林义秀没有看出破绽，回到了齐齐哈尔。

1932年七八月间，吉林和黑龙江连日下起了暴雨，江河洪水成灾。松花江下游、嫩江沿岸成为泽国，广大农民受灾严重，颗粒无收。在这种情况下，广大工人、农民和各阶层的爱国群众纷纷揭竿而起，反抗日本侵略者，争取生存的权利。在这种情况下，1932年9月27日，苏炳文在海拉尔举义。满洲里、海拉尔、博克图、扎兰屯、富拉尔基等各地护路军佩带"铁血救国"的臂标，占领各个车站，扯下伪满洲国旗帜，升起中国的旗帜。各地人民群众奔走相告，用各种实际行动支援救国军。

苏炳文希望这次起义能够使国联"明了日军侵略东北的真相以及伪造东北民意、强迫成立伪满洲国的情形，对于日本的穷凶极恶的侵略行为，能有正义的议决案加以制裁"，能够让南京国民党政府"对日本进行正式交涉，和平解决东北问题，早日恢复东北原状"，能够让张学良率领关内的东北军出关，与吉林、黑龙江两省的部队共同作战，收复国土。

当天，苏炳文的副手吴德林等人来到满洲里驻军司令部，按照苏炳文事先的安排，给日本驻满洲里领事山崎诚一、特务机关长小原重孝、伪国境警察队队长宇野打电话，说要纪念孔子诞辰，请他们来司令部。10点30分左右，日本领事山崎诚一与特务机关长小原重孝来到司令部，他们刚下车走进客厅，埋伏好的士兵一拥而上把他们捆起来。伪国境警察队队长宇野、书记生福田也随后到来，同样被抓起来。这些人还不知道苏炳文已经起义，还恳求吴德林说："我们是朋友，救救的有。"

吴德林派出士兵包围了伪国境警察队，对方依仗坚固的营房死守。救国军的迫击炮队炮轰敌营，敌营四处起火。为迅速结束战斗，救国军把福田和宇野带到阵前喊话，让伪国境警察队投降，否则就枪毙他们。福田、宇野先后喊了话，伪国境警察队死伤三十多人才缴械投降。苏炳文根据国际法的规定，对逮捕的日伪人员按照身份进行区别对待。各地日侨及外交人员、特务机关职员等非战斗人员，送交满洲里日本领事馆收容；伪国境警察队由特区警察收押。

苏炳文的做法受到当时国际舆论的赞扬，认为救国军"行动迅速，指挥镇定，有良好的组织。而未涉及西人尤堪称誉"。日伪政府对这次事件一开始不明白是怎么回事，只能作出猜测，"黑龙江第二旅苏炳文下之郭团长联名请求立即发饷，黑龙江省政府方面置之不理，于是二十七日于满洲里大起兵变。"27日当天，一架日本飞机飞到海拉尔、满洲里收集情报，在海拉尔准备降落时，救国军士兵开枪射击，飞机上的日本人一看情况不对，掉头往回飞，迫降在碾子山附近。机组人员被当地农民击毙，飞机被拉到海拉尔，飞机上的机密文件被送到苏炳文的案头。苏炳文看到里面有林义秀的一份调查报告书，报告书中对当时东北军政要人的姓名、籍贯、年龄、出身、动向等信息全都有详细说明。报告是这样写苏炳文的："根据谍报，他现在招集流亡，扩充兵力，准备反满抗日的工具。他系正式军人出身，抱有爱国思想，亦有相当威望，非土匪出身者可比，不可轻视。加以接近苏联，难免不无异谋，倘不能使其就范，即须武力消灭之，免为燎原之火，以完成早日统一东北三省之目的。"

10月4日上午，苏炳文在海拉尔举行东北民众救国军成立和誓师大会，参加的军民和各界人士有四千多人。苏炳文就任东北民众救国军总司令，宣誓：为国家恢复失地，为民族争生存，为东北同胞驱逐敌寇。张殿九就任副司令，谢珂为总参谋长，金奎璧为副参谋长，张玉挺任前敌总指挥。东北民众救国军主力是原苏炳文、张殿九的两个旅四个团，还有其他东北义勇军的旧部。

大会还以东北民众救国军总司令苏炳文、副司令张殿九、总参谋长谢珂等人的名义发表了通电，表达东北民众救国军杀敌救国的决心："爰本东北三千万民众及各将领之拥戴，于十月一日就任东北民众救国军总司令、副司令职。并联络奉、吉、黑各义勇军，及被迫附逆情非得已之各军将士，克日会师，共清妖孽。就民心所趋向，以正义为依归。博国际之同情，维公约于不坠。务使我东北之千万民众之真正心理，大白于环球，消灭伪国，铲除汉奸，揭破暴寇鬼蜮之伎俩，恢复中国固有之土地。……愿我东北子弟胞泽，敌忾同仇，共纾国

日军抓捕抗日战士

难……复我国土，还我河山……成败利钝，非所计及。"

誓师大会之后，苏炳文指挥部队向省城齐齐哈尔进攻发，步兵第二旅沿铁路经嫩江桥直攻齐齐哈尔。当时，驻黑龙江省的日军兵力约三千人，他们得知东北民众救国军起义的消息后，炸毁富拉尔基江桥，阻止救国军渡江。两军沿江对峙，战事一触即发。

10月6日拂晓，二百多名日军士兵，乘三十多只橡皮船强行渡江。岸上的救国军猛烈射击，多艘日军船只被击沉，日军又增兵到五百多，分批强渡。日军船上的步枪、轻重机枪火力一齐开火，给救国军巨大的压力。救国军六团三营官兵浴血奋战四小时，终因寡不敌众，不得不退守富拉尔基。救国军总指挥部急调一团来增援，终于挡住了敌人的强大攻势。日本当局对救国军的战斗力表示惊叹，10月7日日本陆军中央部电告关东军司令部："不要等待东边道讨伐有成果，再对嫩江以西积极作战。"关东军司令部紧急抽调其他部队增援海满地区的日军，并任命十四师团长松木直亮为军事总指挥。松木直亮曾经在上海制造过"一·二八"事变，是个残暴的军国主义分子。

日本援军到达之后展开了更为猛烈的进攻，据守高墙和炮台，火力异常猛烈。救国军官兵杀敌心切，奋勇向前，一直攻到离敌人只有二三百米的地方。这时候日军出动三架飞机连续轰炸，同时开火的还有四门野炮。霎时间，战场成为一片火海，炮声和机枪声震天。救国军官兵浴血战斗了两天两夜。第一营孙营长耳鼓震破，昏倒在地，第二营营长杨绳武阵亡；高团长后背炸伤，右臂被炸断。军官排长伤亡十多人，士兵伤亡四百多人，情况万分危险。第三营李营长果断决定撤下来休整。

在战斗的间隙，苏炳文率领张殿九、谢珂等到前线慰问将士，鼓舞战士的士气。当地群众也自发组织慰劳团慰问官兵，送给官兵每人一袋慰劳品，袋子里有毛巾、袜子、糖果、食物，这些简单的礼物表达了他们对爱国将士的深情厚谊，让救国军将士十分感动，战士们都表示要杀敌报国，与敌人决一死战。

此后救国军对日军发动多次进攻，有时还利用夜色掩护发动夜袭。攻入富拉尔基之后，救国军和日军展开了激烈的巷战，击伤守城日军总指挥原加寿雄少佐，代理总指挥斋藤实腹部中弹，当场毙命，后续接替指挥的中岛花同样被击毙。救国军终于成功收复了富拉尔基。

日本人不甘心失败，紧急调步兵、炮兵、骑兵团增援。苏炳文分析敌我情况后，主动撤出富拉尔基，重新修整后，再次夺回富拉尔基，进而向省城齐齐哈尔推进。日军慌忙失措，不断发炮猛轰，抵挡救国军的推进。

这时候黑龙江省的抗日斗争又出现了新的局势，各路义勇军在东北各地对日伪军发动攻击，极大地配合了苏炳文部队的行动，救国军已经打到齐齐哈尔郊区附近。日军在战场受到东北民众救国军的严重打击，虽然不断增加兵力，但仍然不能阻挡救国军的前进，要想彻底消灭救国军，还需要更多的兵力。但是伪满洲国中央及地方政权都不够稳固，各地义勇军此起彼伏，想要再调出军队来对付苏炳文的义勇军很困难。因此日本关东军希望通过政治途径解决问题，展开所谓"和平攻势"，希望在谈判桌上得到战场上得不到的东西。日本人先后派出了伪黑龙江省省长韩云阶、伪齐齐哈尔市长赴朱家坎，向苏炳文提供军费和军用物资，企图让苏炳文放回日侨，归还之前迫降的飞机。苏炳文对这些要求严词拒绝。在这种情况下，日本人亲自出马，可笑的是他们没有人敢前往海拉尔，所以用飞机向海拉尔空投给苏炳文的信："您掠获的旅客机，系我关东军所有。黑龙江韩省长曾经请求归还飞机，而您否认此事。我们感到遗憾，因将其炸毁。敝军夙知您是黑龙江省的泰斗，国家的柱石。然而，由于您的一时迷误，引起了纠纷。您以抗日为名，树起了反满旗帜，最后将毁掉您的建国功劳者之名。对此，我们深表惋惜。请您速还素愿，实行和平解决。"后来关东军司令部还发电报给苏炳文："本军始终不渝地期待您恢复原来的方针，忠诚满洲国，迅速地释放日本侨民，关于和平解决后，您的荣誉，敝军负责传达给执政，并保证得到重任，若失掉和平解决的机会，又危及日本侨民的生命，最后只有和阁下干戈相见。"苏炳文对日本侵略者的信不予理睬，最后日本关东军又想通过苏联进行调解，苏炳文出于人道主义，将日本侨民通过苏联交还给日本人。日本企图通过谈判方式瓦解救国军的抗日斗志，还让伪黑龙江省省长韩云阶再次给苏炳文发报："关于满洲里、海拉尔问题，满洲国及日军对兄一再交涉，以求和平解决，但未得兄的诚意回答。这不仅是由于兄的不诚意，还因为兄地处边远，不晓满洲国以及黑龙江情况之故。今小生等详述黑龙江省的现状，望贤兄了解。……十月二十六日在泰安克山等地抵抗日军的朴炳珊、张兢渡军已被日军击破，残部逃到讷河附近，最后朴炳珊投降日军，省政府正把它改编成黑龙江省军。又邓文，李海青、天照应等反满洲国军遭到日满两军的彻底讨伐，即将崩溃，在黑龙江省依然持反满态度的只有兄了。"电报的最后露出了獠牙："日军现在渐渐集结在齐齐哈尔附近，不出数日全满数万大军即将开来……呼伦贝尔一带将化为战场，兄及贵军的灭亡迫在眉睫。要使日军停止此举，全在兄的态度了。兄乃满洲建国之功劳者，北满之英雄，由此毁掉，弟不堪忍受。望兄洞察时局大势，努力迅速和平解决，尽最后劝告。"最后日本人甚至连伪执政溥仪都搬出来，高官厚禄引诱苏炳文投降。但对所有诱降，苏炳文一律拒绝。

诱降不成，日本侵略者又开始动用武力，他们调集了几倍于东北民众救国军的兵力，想要一举歼灭苏炳文的部队。日本军队不仅人数占据绝对优势，武器装备也大大优于苏炳文临时兵工厂的产品，有各种火炮，还有空军支援。面对强大的敌人，苏炳文向全国发表通电："我军正严阵以待，虽余一兵一卒，亦与之周旋到底！"救国军的战士们在严寒的冬天，顶着风雪在战壕中备战。海拉尔各界举行了三万多人的群众抗日声援大会，大会上人民群众高喊"打倒日本侵略者！"口号，向苏炳文赠送"抗日到底"锦旗一面。

从11月中旬开始，日军以第十四师团为主力，用装甲车、坦克车、飞机向救国军阵地进攻。他们先用飞机大炮狂轰滥炸，然后出动装甲车掩护步兵冲锋。救国军的战士们伤亡严重，但血战不退，坚持了四天四夜，不断回击日军的进攻。苏炳文果断放弃第一道防御阵地，退守第二道防线。随着天气越来越冷，河面结冰，日军的骑兵和装甲车可以直接开过冰封的江面进攻救国军的阵地，苏炳文和部下官兵面对的局面越来越严峻。11月22日，日本军队发起了一次全面进攻，步兵、骑兵、炮兵总计三万人，在飞机大炮的掩护下直扑救国军阵地，阵地上黑烟滚滚。苏炳文指挥士兵们在阵地前方埋设了地雷，等日军逼近之后再开枪，打光了子弹，就与敌人展开肉搏。整个阵地杀声震天，官兵们伤亡惨重。苏炳文在这种情况下紧急向南京政府求援，将救国军的困境和盘托出，直言现在已经到了无饷、无枪、无弹、无补给的生死存亡时刻，如果南京方面再坐视不管，只能看着救国军灭亡。如果南京政府能够施以援手，不仅会让东北的抗日形势焕然一新，同时东北人民也会感激不尽。但是蒋介石收到苏炳文椎心泣血的电报之后，只是轻

伪满洲国的飞机

飘飘地说了些"坚贞奋斗，为国争光，殊堪嘉许"，没有一点实际的支援给救国军。南京政府的这种态度从另一方面鼓励了日本侵略者，他们持续不断地从各地抽调兵力，加紧进攻。救国军的形势更加危急。一团、四团被敌人切断了与指挥部的联系，遭到分割包围，他们独自突围，从关门山进入索伦山，在原始森林中走了九天九夜才走出来。这支部队历经一个多月的时间，终于在1933年1月到达张家口，在那里和冯玉祥的察哈尔同盟军汇合，继续抗击日本侵略的斗争。

苏炳文的总司令部也直接暴露在敌军的炮火下，因为主力部队都派到前线去了，总司令部只有一个营的兵力。11月29日天刚亮，日军装甲车就从三个方向同时推进，虽然救国军战士奋勇战斗，敌人还是离总司令部越来越近了。苏炳文为了避免被敌人全歼，下令撤到海拉尔，最后用火车把四千多军民撤到了苏联。苏炳文后来回忆说："自1931年9月18日至1932年12月4日止，经过十四个半月。在此期间，东北人民遭受日军之蹂躏，惨绝人寰，凡有血气之人，谁不痛心疾首。炳文不才，谬膺重寄，警备边陲，愧乏建树，抗战以来，驰驱疆场，誓死效命之兵力，不过五千余人，每枪子弹仅有二百余粒。驻防区域不耕农事，给养无以供应，人烟稀少，军需缺乏来源。迭电上级请示方略，所得训令，无非'妥慎应付，相机管理'八字，竟无一饷一弹之接济。呼伦抗日军兴后，蒋介石虽曾来电奖励，并以'坚贞奋斗，为国争光，殊堪嘉许'之官样文章，

被抗日战士破坏的日本军用列车

以致孤军朔漠，自谋生存。明明以卵击石，归于破碎。瞻念民族气节，伸张正义，决一死战。幸赖将士英勇，民众支援，团结一心，共抗强敌。喋血苦战，奋斗数月，食冰饮雪，罗掘计穷。本拟以身殉职，为国捐躯，然而众人共议，劝留微躯，期待复仇，故忍痛负罪，退入苏联。"在这种情况下，苏炳文深怀遗憾，依然想的是抗日。退入苏联的战士们生活艰苦，每天只有一个卢布的伙食费，很多人到雪地里寻找储存冬菜时留下的菜帮和菜根，用雪水煮了吃。后来这些东北义勇军战士分批取道新疆回国，继续抗日的斗争。

黄炎培先生曾写诗称赞苏炳文：桓桓苏将军，纵败也堪豪。写出了苏炳文坚持抗战，在敌人的威逼利诱面前坚定不移的人格精神。苏炳文面对强敌，反对"不抵抗"的投降政策，坚定追求民族的生存权利，表现了中华民族大无畏的勇气。

邓铁梅捐躯报国

　　1892年10月29日，邓铁梅出生在辽宁本溪磨石峪村。邓铁梅全家有三十多口人，家里有三十多亩土地，算是一个比较富裕的农民家庭。邓铁梅原名古儒，字铁梅，从政以后以字为名。因为家里还有一点余粮，邓铁梅能够读得起私塾，后来又到本溪三门洞高等学堂上学，毕业之后在六叔邓继述当总甲长的总甲所当一名文书。后来，邓铁梅家里连续两次遭土匪抢劫，父亲邓继新遇害，之后叔父邓继述也在剿匪时死去，邓铁梅的家庭从此败落。1917年，邓铁梅考入本溪县警察训练所，后来进入本溪县警察大队，从一名普通警察到班长、大队长，1928年成为凤城县公安局长。

　　邓铁梅所处的时代政治腐败、盗贼蜂起、民不聊生，再加上个人和家庭的遭遇，邓铁梅形成了强烈的爱国主义精神，他十分痛恨日本侵略者对东北的经济和军事侵略，这从他在公安局长任上处理与日本人有关的事件就能看出来。凤城是安奉铁路线上的重要城市，日本人的活动也十分频繁。1929年，邓铁梅查封了青城子铅矿。青城子铅矿是日本人森峰一开办的企业，一直偷偷越界开采。邓铁梅经过调查确认之后，下令禁止中国一切车辆、人员为青城子铅矿运输矿石，然后查封了矿井，打击了日本商人的不法行为。当地人都说："老邓办事有骨气！"

另一件事情，发生在邓铁梅刚刚上任的时候，更富有传奇色彩。要说这件事情，先要说一说日本守备队。日本和俄国在1905年签订了《朴茨茅斯条约》，条约规定："两订约国可留置守备兵，保护满洲各自之铁路线路，至守备兵人数，一公里不过十五名之数。"然后日本又强迫清政府签订了《中日会议东三省事宜条约》，承认《朴茨茅斯条约》中赋予日本的种种特权。日本守备队也就合法化了。本来日本守备队名义上是为了南满铁路附属地的安全而建立的，但后来他们规模越来越大，到"九一八"事变之前，已经有六千多人，和正规军一起进行军事演习，成为日本侵略东北的先锋，罪行累累。他们在中国的土地上，擅自强购土地、架设桥梁、挖掘战壕，甚至任意枪杀中国民众，从不把中国的警察放在眼里，强行向巡警索取户口册，将拒绝交出户口册的巡警打成重伤。

1928年夏天，凤城当地有一户姓张的人家，他们的小孩在安奉路边上放牛，没想到日本守备队却污蔑这个放牛娃往路轨上放石块，把他抓到日本警察署。张家知道这件事情之后非常着急，马上报告了派出所，派出所的警察向凤城县政府报告，凤城县政府立刻打电话给日本警察署，要求他们把孩子放了。没想到这时候，日本警察署因为是个小孩，看守不严，小孩趁机从警察署跑了。日本守备队交不出人来，反咬一口，说小孩已经交还给中国政府了，还写了一份收条，跑到县政府强迫县长签字。日本守备队出动几十名荷枪实弹的日本士兵，将县政府围了起来。县长看到形势不对，马上打电话把情况告诉了邓铁梅。邓铁梅命令调动了三百多警察和辅警，在县政府周围严阵以待。他自己带着两个卫士，手持德国造冲锋手枪，来到县政府。这时候县政府门外已经围满了日本兵，他们也听说过邓铁梅的为人，看他满面冷峻，也没有人敢上前阻拦他。邓铁梅进院门之后，看见县长办公室门窗紧闭，从里面传出日本兵对着县长大喊大叫的声音。邓铁梅看见日本人如此猖狂无礼，怒不可遏，抬起脚一下就把县长办公室的门踢开了，大踏步走了进去。里面有几个日本守备队的士兵正围着县长，看见邓铁梅进来也是一愣。邓铁梅走到他们跟前，高声说道："你们岂有此理！随便乱抓中国人本已无理，现在又诬陷中国当局已经带走了人，强迫签字更是无理。再无理纠缠，即以武力相见！"说完这些话，邓铁梅举起自己的枪对准一个日本军官，那个军官和其他几个日本兵吓坏了，最后乖乖道歉，灰溜溜地撤回了日本警察署。这件事情在县里引起了轰动，街头巷尾都在传颂"邓铁梅单枪退日兵"的故事，讲故事的人和听故事的人都称赞邓铁梅,说老邓替中国人长了志气。此外,邓铁梅还除去了凤城一霸曲明允。曲明允是凤城县城南西山隈人,曾经担任长春府饷捐局总办委员、长岭县知县兼蒙荒招垦处总办。他是个典型的贪官,在任上搜刮民脂民膏,辞职回到凤城后,又勾结日本人,扩大自己的势力,欺压乡里。他伙同日本商人盗卖铁路沿线的土地,邓铁梅接到报案之后,查清事实,将曲明允逮捕判刑。这一举动不仅大快人心,而且对日本人的嚣张气焰也是一种打击。

邓铁梅虽然勇于维护民族利益,关心老百姓的疾苦,而且廉洁奉公,不和鱼肉百姓的贪官污吏同流合污,严厉打击那些土豪劣绅和危害乡里的土匪,但是在当时黑暗的官场中,他注定是被排挤打压的对象。1929年他的公安局长职务被上司找借口撤掉,邓铁梅短暂地担任过哈尔滨东省特别区警察管理处督察员和牡丹江警察分署署长,都因为与上司不合遭到革职。1931年春天,邓铁梅去锦州投奔老朋友云海青。云海青是东北军的下级军官,邓铁梅想托他找个工作,就在等待的时候,"九一八"事变爆发了。东北军奉行蒋介石"不抵抗"政策,导致大片土地沦入日军之手,大量难民经锦州向关内撤退。东北军边防司令长官公署和辽宁省政府也迁到锦州办公,黄显声指挥各县的警察大队组成新的抗日力量,不少东北军将领也主张抗战,但是东北军还是不得不含泪向关内撤退。目睹山河破碎的混乱场面,邓铁梅愤愤地说:"政府无能当政,军队有土

东北铁路

不守，真是中华民族的奇耻大辱。我们宁肯被打倒，也不能被吓倒，不能俯首甘当亡国奴。"他下定决心坚持抗战，回到辽宁组织义勇军。他求见省警务处处长黄显声，陈述了自己回辽东组织民众武装抗日的愿望，黄显声对此十分赞同。于是，邓铁梅和云海青一起坐火车离开锦州，经沈阳秘密回到凤城县，开始了抗日活动。

"九一八"事变之后，9月19日上午，日本独立守备队第四大队就占领了凤城。日本人占领凤城之后，将曲明允从监狱里放出来，委任为维持会会长。曲明允上台后大肆逮捕爱国知识分子和工商界人士，凤城笼罩在一片血雨腥风中。在这种形势下，邓铁梅先是隐藏自己抗日的意图，四处了解情况，体察民情，回到家乡之后只说自己想要归隐。他发现日伪的倒行逆施让广大人民群众十分愤慨，如果树起抗日大旗，将会获得广泛的支持。况且现在日本的势力还不稳固，在农村地区还有大片的空白可以利用。

邓铁梅和云海青来到凤城县西一百三十里的小汤沟顾家堡子，在这里开始了自己的抗日准备工作。顾家堡子是个偏僻的小山村，邓铁梅来到之后，首先聚集了几个人，这些人有小学教师，有东北军的军官和士兵，有小职员，还有邓铁梅过去手底下的警察，他们都是当地人，熟悉当地的情况。邓铁梅派他们拿着自己的亲笔信到各处进行抗日宣传，发动青年农民加入抗日队伍。凤城一带的人没有不知道邓铁梅的，一听说他要拉起队伍的抗日，纷纷响应。人有了，枪支弹药从各地的民团收集，一共凑了将近二百多人，三百多条枪。邓铁梅在顾家堡子的顾家大院召开大会，正式成立"东北民众自卫军"，号召大家团结起来，武装保卫家乡。邓铁梅虽然个子不高，说话还有点口吃，但是他讲话富有感染力和鼓动性，极大地鼓舞了在场的战士们。经过两个月的发展，邓铁梅的队伍已经有一千五百余人，分为四个大队，还有一个大刀队，特别挑选队员，进行砍杀训练，准备作为冲锋队使用。

1931年12月，日本关东军大量集中在辽西，准备进攻锦州，打开入关的大门，辽东地区没有太多部队，只有安奉铁路守备队。凤城县城里只有日本驻连山关独立守备队第四大队的一个分队。邓铁梅思考之后，准备对凤城的日军来一次突然袭击，打出自卫军的名头。他对这一战非常慎重，力求一战成功。他提前派人进城侦察，摸清敌人的兵力配置。原来驻连山关独立守备队第四大队大队长板津中佐，在月初就向凤城增派了第三中队西河小队五十多名士兵，加上五十多名日本自卫团团员，一共有二百人。此外还有伪警察二百余人。邓铁梅反复核实日伪兵力情况后，将总攻的日子定在12月26日晚上。邓铁梅在12月26日带领部队来到距离县城三十余里的卡巴岭、大梨树一带。邓铁梅抬头一看，天空阴沉沉的，前两天下的大雪将山野全都覆盖了，显得肃穆庄严，一片大好的山河，需要男儿的热血来保卫。

晚上十点，部队开始急行军直扑凤城。按照事先的计划，邓铁梅指挥部队分两路进兵。一路人马直扑火车站，另外一路由邓铁梅亲自带领，向南大街进攻，主要攻击独立守备队和伪警察队。另外还派出两支小部队，一支在凤城车站以南的张家堡子切断电话线，另一支在凤城车站以北的四台子阻击增援的日军，他们在路轨上堆上枕木，阻碍日军的装甲车通过。午夜十二点，攻击火车站的人马打响了。日本警察、宪兵分遣队和自卫团，听到枪声和警钟之后，马上带着武器向车站冲了过来，他们守在车站里，凭借房屋抵抗自卫军的进攻。战士们敢打敢拼，将车站里的敌军压缩到地下室里去，敢于往外冲的日本士兵全都被打死了。双方暂时形成僵持。

与此同时，邓铁梅已经率领主力进了城，到达了南大街，直扑日本守备队的队部。守备队西河小队长已经接到车站日军的报告，他将凤城的情况向鸡冠山守备队和连山关大队部报告，组织守备队死守队部。这时候，从凤城的大街小巷里冲出了一批战士，他们前一天装扮成农民进了城，做好了攻击准备，就等发起总攻。冲在队伍最前面的是大刀队，他们手持大刀，一边冲，一边高喊："我们是东北民众自卫军，是来打日本鬼子的，中国人不要害怕，我们保护你们的生命财产，待在家里不要乱动。"邓铁梅指挥后续大部队不断开火，把日本守备队压制在队部的院墙里面，只能被动抵抗，不能发起有效的反击。这时候少数顽抗的伪警察已经伤亡过半，其他人本来也不想给日本人卖命，纷纷扔下武器逃走了。邓铁梅抓住日本守备队动弹不得的有利时机，派人去公安局打开牢门，把牢里的五十多名爱国人士全部放出。邓铁梅对他们说："各位这次脱离险境，此身不死勿忘抗日，千万不能给子孙后代留下当亡国奴的根芽。"这些人纷纷表示要继续抗日，支持自卫军。战斗一直持续到凌晨四点钟，敌人的增援部队来了，邓铁梅下令点亮火把，发出信号，自卫军撤出战斗。临走的时候，邓铁梅指挥部队把凤城南街娘娘庙附近的平井药房一窝端了，这个平井药房表面经营药品药材，实际上是贩卖鸦片的毒窝，平井药房的店主平井真一郎还是一个日本特务，"九一八"事变之前就潜伏在凤城收集情报，"九一八"事变之后则跳出来成为日本守备队的帮凶。自卫军的战士们烧毁了店内的鸦片，将平井药房砸得乱七八糟，可惜没有抓住平井真一郎。等到自卫军安然撤走之后，日本援军才赶到，扑了一个空。指挥日本守备队作战的西河小队长心有余悸地说："这次战斗虽然规模不大，但是真的很艰苦。"防守火车站的日本站长在战斗结束一周之后，晚上还是惊恐不安，睡不着觉。

"九一八"事变以来，日军气焰嚣张，东北军节节败退，甚至不战而退，邓铁梅夜袭凤城是辽东人民群众武装反抗日军的第一枪，沉重打击了日本侵略者。这一仗共打死、打伤日伪军五十多人，战利品包括三百多支步枪、三挺轻机枪、两门迫击炮，以及大量弹药。日军遭受到前所未有的打击。《盛京

双城堡战斗中日军损失惨重，火化死去的士兵

时报》报道说："安奉线匪警频仍，凤凰城被袭焚，通讯断绝，形势严重。"日本《协和》杂志的记者发表《安奉路线遭难记》，文章中说："安奉线上的事情使我们胆战心寒。"这一仗打出了东北民众自卫军的军威，振奋了辽东人民抗日的信心，给日后的抗日开了一个好头。

凤城战斗之后，邓铁梅为防止日军的报复，将司令部转移到凤城和岫岩之间的尖山窑，这是一个比较大的村子，全村有四百多户人家，三十多家店铺，有利于部队的驻扎和活动。凤城袭击战扩大了东北民众自卫军的影响力，东北民众抗日救国会派出苗可秀联系邓铁梅。苗可秀，1906年出生在本溪县下马塘苗家堡子。他毕业于东北大学，在学生时代就积极参与抗日活动，"九一八"事变之后他流亡北平，曾任东北学生军大队长，之后回到东北与日本侵略者进行武装斗争。1935年，在辽宁岫岩哨子河羊角沟战斗中，苗可秀不幸被捕。他在狱中坚贞不屈，拜托自己东北大学的老师、爱国人士王卓然照顾自己的妻儿，信中说："古语谓'慷慨就死易，从容就义难'，生观之两皆易易耳，第视其真知义与否。"日本人对苗可秀多次诱降而不得，最后将他残忍杀害，苗可秀牺牲时年仅二十九岁。

邓铁梅对苗可秀的到来十分欢迎，向他讲述了自己拉起部队打日本的经过。通过苗可秀，东北民众抗日救国会了解了邓铁梅的情况，任命他为东北民众自卫义勇军第二十八路司令。还有不少地方抗日队伍，听到邓铁梅的事迹后，从各处前来投靠，这些都扩大了邓铁梅领导的抗日力量。人员增多之后，邓铁梅面临着武器不足的问题，由于自卫军没有后方，也没有兵工厂，只有靠缴获敌人的武器来补充，经常面临短缺的窘境。邓铁梅想出了一个办法，从自治维持会身上打主意。日本占领辽东之后，为了巩固地方政权，弥补日本军队兵力不足的缺点，先后在地方上建立了不少自治维持会，让汉奸和亲日分子任维持会会长，派出日本人任自治指导官，企图建立自己的地方基层政权。在自治维持会下面，还有新编伪公安队和伪警察，负责各地的治安，防范爱国抗日运动。离尖山窑不远的庄河县和大孤山镇也成立了自治维持会，这两个地方只有文职人员和伪警察，没有日本军队进驻。邓铁梅看准时机，向这两个地方的自治维持会发出了自己的命令，告诉他们：为扩大抗日力量，充实武装，令他们将现有武器集中，接受自卫军的收缴。如接受此令，自卫军进城之后严守军纪，对于城内市商人民一律不予搅扰，私人财产寸草不动。如绝拒此令，当以攻击凤城为先例，实行武力解决。庄河县和大孤山镇的自治维持会和伪警察知道邓铁梅攻打凤城的战斗，纷纷说：凤城有日本人还防不住邓铁梅，我们哪里是他的对手呢，万一他打来了，我们只能投降，还不如照他说的办。他们按照邓铁梅的要求，按指定地点、时间把武器交给自卫军，这下解决了大问题，光是庄河县就上缴了四百多支枪、两门迫击炮，还有大量弹药。

　　壮大了队伍，补充了弹药，从1932年春天开始，短短几个月的时间，邓铁梅领导队伍和日伪军进行大小战斗百余次，沉重打击了敌人，同时发展壮大了自己。到了秋天，自卫军已经发展为一万五千人，改编为六个旅二十个团，在安东、凤城、岫岩附近几百里，自卫军不断与日伪军进行战斗，在东北抗日义勇军中间，也堪称一支能战斗、有影响的队伍。能取得这样的成绩，除了优秀的军事指挥，邓铁梅还十分注意部队与老百姓的关系，他知道，只有爱护民众的利益，民众才会拥护支持自卫军，部队才有生存下去的希望。邓铁梅提出了"抗日救国，保民第一"的口号，时常教育官兵们要注意赢得老百姓的拥护，他说："我们抗日救国，也就是救老百姓，抗日离开老百姓是不行的。"邓铁梅注意严肃队伍的纪律，对扰民、害民的行为严惩不贷。邓铁梅手下士兵主要是附近地区的青年农民，但随着队伍的不断扩大，一些伪军、伪警察和土匪也加入进来，此外还有不少邓铁梅的同学、同事、同乡、亲戚朋友。邓铁梅深知只有严明的纪律才能让部队保持战斗力。他为自卫军制定了纪律：不投敌、不妥协、抗日到底；不贪财，不扰民、不调戏妇女；保民众，爱民众，不动百姓一针一线。对犯有这些纪律的人，不管官职有多高、资格有多老、功劳有多大，一律严厉惩罚。特别是抢老百姓东西和奸淫妇女，如果犯有这两条，一律从重处理。邓铁梅曾经批准枪决了五六个抢劫和强奸的败类，其中一个是自卫军最早的成员，也毫不留情地被处理了。在铁的纪律约束下，自卫军军纪严明，深受百姓欢迎。自卫军的粮食都是来自百姓供应，自卫军的战士会被安排到老乡家吃饭，他们吃老乡的粗茶淡饭甚至残汤剩饭，继续坚持战斗，当地老乡亲切地称自卫军为"冷饭队"。除此之外，当有粮食的时候，邓铁梅主动拨粮给受饥荒的群众，帮助他们渡过粮荒。当地群众有的主动参加自卫军一起抗日，有的在部队行军住宿的时候帮助站岗放哨，有的为部队送情报、观察敌情，帮助自卫军取得了一个又一个胜利。

抗日形势的发展让日本侵略者十分头疼，他们派出汉奸李寿山和日本人张宗援，率领伪军驻守在龙王庙，不断派人寻找自卫军的踪迹，企图遏制抗日斗争的发展。龙王庙是一个大镇子，北接凤城，南靠庄河，西临岫岩，全镇有一千多户人家，镇内有一百多户商号，是粮食和农产品的重要集散地。李寿山是个作恶多端的伪军头子，他为了剿灭自卫军，采取恐怖手段对待这一地区的老百姓。他率领伪军出动一次，就要抓走当地的不少老百姓，用铡刀残忍地杀害，两个月就杀了两百多人，在大孤山西河沟一次就杀了四十五人。百姓对这个杀人不眨眼的屠夫恨得牙根痒痒，他们把李寿山叫作"李受伤"，把张宗援叫做"张中丸"，希望邓铁梅的自卫军为自己报仇。邓铁梅经过精心准备，决定狠狠打击李寿山和张宗援，为当地的群众出一口气，为抗日自卫军争取更大的活动空间。

李寿山盘踞的龙王庙，有壕沟，还有铁丝网，进攻起来十分困难。但是邓铁梅不畏艰难，仔细研究了敌人的兵力部署，准备发起一次突然袭击，打他个措手不及。1932年7月1日凌晨，当龙王庙的敌人正在熟睡的时候，邓铁梅带领队伍到了镇子的外面，偷偷爬过了壕沟和铁丝网，靠近了北门。邓铁梅一声令下，又是大刀队冲在最前面当先锋，一举冲进了镇子。镇子里还有几个碉堡，被战士们用重武器打掉了，再没有阻挠部队前进的障碍了。本来还在睡梦中的日伪军，听到枪炮声，拼命逃窜，有的被击毙，有的渡河时被水淹死，有的被自卫军俘虏。李寿山和张宗援趁乱逃跑，逃向大孤山。袭击龙王庙的战斗剿灭敌人一百多，又获得了大量的物资，邓铁梅决定将司令部搬到这里。原来的司令部在离凤城县城三十里的卡巴岭三义庙，起初那里有伪警察的一个连，后来被邓铁梅派了一个营全歼了，邓铁梅利用那里的地势，将敌人拒之门外。现在有了龙王庙这个更好的据点，邓铁梅将抗日自卫军的势力又扩大了不少。

面对东北民众自卫军的不断发展壮大，日本关东军也十分头疼，在武力进攻一时得不到效果的情况下，日本人又拿出了"进剿"与"招抚"的两手政策，企图以"招抚"来麻痹自卫军的斗志，瓦解分化抗日力量。日本人采取这种政策和当时整个东北的形势是分不开的，"九一八"事变之后，日本关东军对东北全境渗透，很快就占领了黑龙江、吉林、辽宁三省的中心城市和战略要地，控制了各条交通要道。除此之外，他们还要面对各地风起云涌的抗日武装力量，面临着兵力严重不足的问题，为此日本人大力扶植汉奸和代理人，对各地的抗日义勇军采取"围剿"的同时，也不断"招抚"。东北人民自卫军刚一成立，敌人就曾经派出凤城县维持会长曲明允劝降，看到曲明允的劝降信，邓铁梅立刻把信在部队中传阅，让官兵们不要上当，也不要动摇。日本人第二次招降派出的是伪凤城县长康选三，康选三在凤城公安局曾经是邓铁梅的同事，邓铁梅夜袭凤城后，康选三当上了伪凤城县县长，他接到日本人的任务之后，思前想后，想出了一个办法。

这一天，龙王庙外围，有一队人扛着枪走来走去，他们正是东北人民自卫军的巡逻队，这几个队员都是附近的青年农民，他们一边走，一边兴奋地讨论着。这个说："咱们司令可真厉害，这次打岫岩，又打了一个大胜仗！"那个说："可不是嘛，除了日本指挥官叫岗村的那个，全都给咱们抓住了。""那可不，听说岗村是躲在牲口棚里面才逃走的。""哈哈哈，小鬼子也有今天，他们可把中国人祸害惨了。""听说还抓住了不少日本官，还有日本商人。"几个人正说说笑笑，突然看见远处走来了一个人，几个人立刻提高了警惕，高声喊道："干什么的？"来的这个人看上去像个走江湖卖艺的，身上背了一堆笛子、管子，可是走起路来却畏畏缩缩的，两只眼睛滴溜溜转，看起来鬼鬼祟祟的。他听见巡逻队问他，点头哈腰说是信使，是凤城县县长派来见邓铁梅司令的。巡逻队员一听，把他搜了身，看他没带武器，就把他带去见邓铁梅。一见邓铁梅，这个送信的从怀里掏出一封康选三的亲笔信。邓铁梅打开看了下，上面先叙叙旧，然后劝"弃暗投明，莫失良机"等等。邓铁梅看过之后，先让信使下去，把自卫军的高级干部叫过来商量。在会上，有的人主张直接拒绝，有的人主张利用这个机会。邓铁梅听了大家的话之后，思考了一会儿说："前一阵我们打岫岩，抓住了副参事白井和一批日本商人。当时有一个叫松下的商人想要我们放了他，提出愿意为自卫军提供两万双胶鞋，当时我们不要胶鞋，而要二十万粒子弹。这次日本人听说了这件事，可能以为可以用金钱收买我们。我们就将计就计，派出人和敌人假意和谈，这样可以为我们争取到时间。但是抗日自卫军绝对不会投降日本人，哪怕只剩下一人一马，我邓铁梅也要抗日到底。不当亡国奴，不做汉奸，我们决不辜负东北父老兄弟姐妹们的信任，不能给子孙留下汉奸的骂名。"

大家听了邓铁梅的话之后，都表示同意，经过商量，大家决定派出代表去沈阳和敌人进行所谓"谈判"。邓铁梅让总参议苗可秀、参谋处长王者兴作为自己的代表前往。这两个人和信使一起回凤城。康选三看到苗可秀和王者兴来了，高兴万分，立刻将他们送往沈阳。日本人也十分重视这次会晤，先后和两个人谈了很多天。苗可秀、王者兴为了给自卫军争取更多的时间，一会儿说要官职，一会儿说要军需物资，一会儿说要地盘，总之，反复和日本人谈条件，造成一种待价而沽的假象。日本人多日谈判没有结果，又想出一条毒计，他们在报纸上、广播上大肆宣传，说什么邓铁梅已经接受"招抚"，不日就要到省城当官，还要帮助日军剿灭其他抗日部队。日本人企图通过虚假的宣传，瓦解自卫军的斗志，降低自卫军的声誉，离间邓铁梅部队和其他抗日武装之间的关系。苗可秀和王者兴看到敌人的伎俩之后，觉得不能再拖延下去，和日本谈判代表说，条件已经差不多了，但是必须请示邓司令才能最后确定。日本人不疑有他，放他们两个回龙王庙。他们在经过凤城的时候，去见康选三，康选三以为自己招降有功，听说他们想要几个日本人一起回去向邓铁梅报告，立刻帮助联系了凤城县参事官友田俊章。友田俊章和其他五个日本人与苗可秀、王者兴一起回到了自卫军控制的刁窝堡。苗可秀、王者兴快马加鞭赶到龙王庙司令部，向邓铁梅汇报了相关情况。邓铁梅听完汇报后，为了揭露敌人的阴谋，维护民众自卫军抗日的纯洁性，采取断然措施，将友田俊章等六人就地处决，对外公开宣布，表明民众自卫军抗日到底的决心。

敌人得知友田俊章等人被处决之后，恼羞成怒，开始直接以武力进攻邓铁梅的部队，除了伪军之外，一共组织了四次大规模进攻，给抗日民众自卫军造成了巨大的损失。

汉奸李寿山在龙王庙遭受到沉重打击后，一直贼心不死，又率领伪军攻下了黄土坎。黄土坎是鱼盐富饶之地，为抗日自卫军带来大量的收入。邓铁梅为了收复黄土坎，派出苗可秀在深夜进攻，一直与敌人战斗到第二天早上，终于将敌人击溃。邓铁梅决心要打下李寿山驻守的大孤山，狠狠打击这个汉奸，让他不敢再进犯自卫军。

1932年10月26日，邓铁梅带领一千人的部队，加上其他义勇军八百多人，一起将大孤山团团围住。李寿山将大孤山作为自己的老巢，周围挖了二十多里长的壕沟，壕沟里面引来了水，还围上了铁丝网。李寿山手下的伪军一共有一千五百多人。邓铁梅指挥队伍进行强攻，连续数天，都没能攻入大孤山。自卫军从镇外面的山头向镇里面的伪军开炮，连续围困大孤山二十八天。最后李寿山到了山穷水尽的地步，伪军们只能吃豆饼，军马吃白菜。伪军困兽犹斗，组织敢死队冲出镇外，企图杀出一条血路，结果被自卫军打回镇内。这场战斗一共打死了二百多伪军，后来靠日本援军大孤山才解围，李寿山再也不敢随便进攻自卫军了。

日军害怕邓铁梅的队伍进入平原，威胁南满铁路，在1932年12月，展开了对自卫军的第一次大规模进攻。日军加上伪军，一共有一万多人，从盖平、海城、岫岩、本溪、凤城、安东等地分兵前进，企图将自卫军包围起来一举消灭。自卫军面对空前强大的敌人，采取了分路反击的方式，虽然战士们作战勇敢，但是和武装到牙齿的敌人正规军相比，还缺乏战斗经验，只能化整为零，采取游击战法。龙王庙也在12月18日失守。

沈阳老车站

邓铁梅率领司令部转移，他总结经验，想出了退敌之策。他决定先攻击文家街、红花岭的敌人。文家街在哨子河北，驻扎有日军部队。红花岭是文家街村子后面山上的一道岭，过了这道岭，就到了尖山窑。黄昏时分，邓铁梅带领队伍到了红花岭上，他命令部队先抢占制高点，利用地形上的优势，布置好机枪火力，压制文家街里的敌人。大刀队一马当先，冲下红花岭，向敌人发起猛烈的冲锋。在沉沉夜色中，村子里、山岭上火光冲天，喊杀声一片，这时候，每个人都杀红了眼睛。日军被这突如其来的攻击打懵了，不得不且战且退，退到了红花岭上，以树林为掩护，向着自卫军的战士开火。邓铁梅指挥部队逐渐向前，终于把敌人打退了。日伪军留下五十多具尸体撤退了。邓铁梅决定一鼓作气打下尖山窑，自卫军从半夜开始进攻，一直打到早上，重夺尖山窑。敌人的第一次大规模进攻就这样被粉碎了。

不甘心失败的日伪军之后发动了一次又一次的进攻，他们采取集中兵力、逐渐压缩的方式，修建据点和公路，实施保甲连坐法，残杀群众，烧毁村庄，制造无人区，实行归屯并户，隔断人民群众和自卫军之间的联系。这给邓铁梅的队伍造成了很大的损失，部队从一万五千人减少为五千人。在困境中，邓铁梅利用当地的地形，不断阻击敌人，采取灵活机动的游击战法，加强军事训练，提高战士们的军事技术，还把训练中的要点编成了每句三个字的顺口溜，帮助战士加强记忆："姿势牢，枪托固。瞄准精，心手目。静如山，动如兔。僻地走，熟地住。登了山，靠树木。"1933年的《东北》杂志称赞他们："现东北义勇军，在日人铁蹄践踏之下，而未损失元气者，唯岫岩邓铁梅，因所处天险，兵火有助，日伪军相次战讨，终未惨灭。"1934年初，敌人第四次大规模进攻，邓铁梅领导的自卫军面临严峻局面，只能在深山老林里活动，缺乏必要的补给。在这种情况下，邓铁梅决定将队伍化整为零，进行游击作战，保存实力。邓铁梅领导一支小部队，继续与敌人周旋，他相信，只要有枪杆子在，就能和日军斗争到底。

自从邓铁梅举兵反抗日本侵略者以来，日本人就将他视为眼中钉、肉中刺。在东北地区其他义勇军队伍遭受日军攻击失败之后，邓铁梅的存在，更让日军如芒刺在背。虽然经过几次大规模的进攻，抗日队伍遭受了很大的损失，但是只要邓铁梅还在，抗日的大旗就不会倒。于是敌人采取了更阴险的方式，利用叛徒寻找邓铁梅。

1934年5月的一天，凤城县小蔡沟张家堡子来了一队行色匆匆的人，为首的一个人身材不高，面带病容，他正是邓铁梅。由于常年的征战，他现在身体很不好，拖着病体不能行动，只好秘密到亲戚家养病。当时还有人建议他到关内疗养，邓铁梅说自己就是死也要死在抗日的第一线。

这天晚上将近半夜的时候，邓铁梅正在姓张的亲戚家，突然听到外面有敲门声。邓铁梅问是谁，外面的人说：我是学生队长沈廷辅，有要事要见邓司令。沈廷辅是凤城四区尖山窑人，他是东北讲武堂毕业的学生。"九一八"事变后，他也参加了唐聚五的队伍抗日，后来投奔邓铁梅，邓铁梅看他是东北讲武堂的学生，对他比较信任，任命他为学生队教官兼大队长。民众自卫军分散游击之后，邓铁梅命令沈廷辅不要离开尖山窑地区，要坚持抗日活动。邓铁梅一听是他来了，没有怀疑就打开了门。门外果然是沈廷辅，他身边还有两个人。走进屋子之后，邓铁梅正要问沈廷辅有什么事情，这几个人却一拥而上，将邓铁梅按倒在地，抓了起来。

原来沈廷辅早已经被敌人收买了。沈廷辅的哥哥沈廷栋是大营子村伪村副，敌人想要抓捕邓铁梅，就通过汉奸赫慕侠收买沈廷栋。汉奸赫慕侠是安奉地区伪警备司令，他先是在邓铁梅部队的内部寻找可以被利用的败类，听说沈廷栋和沈廷辅的关系之后，赫慕侠让自己手下的营长郑希贤用重金拉拢收买沈廷栋，又通过沈廷栋买通了沈廷辅。沈廷辅组织了一支便衣队，成员包括沈廷相、沈吉武、沈吉昌、沈吉玉、沈吉春、宁善一，加上沈廷辅和沈廷栋，当地老百姓说他们是"七沈一宁，出卖老邓"。自卫军分散之后，沈廷辅不知道邓铁梅的确切位置，但是他打听到在张家堡子有邓铁梅的亲戚，就让几个便衣队员监视邓铁梅的亲戚家。邓铁梅来了之后，他立刻带着两个人来抓。

敌人抓住邓铁梅之后，留下特务看守张家人，不让他们通知自卫军，将邓铁梅紧急转移到凤城，又转移到沈阳，关押在警备区司令部军法处。日本人派出许多高官向邓铁梅示好。邓铁梅对此采取了绝食斗争的方式。日本宪兵队和特务机关组织了对邓铁梅的审讯，邓铁梅在敌人面前坚贞不屈，保持了崇高的民族气节。

敌人问他为什么要抗日，邓铁梅说：国家兴亡，匹夫有责，我是中国人，当然要反满抗日。日本人侵占中国东北的大好河山，残杀中国百姓，有血性的中国人一定会战斗到底，不把日本侵略者赶出中国不罢休。敌人用康选三、赫慕侠、沈廷辅等汉奸的例子诱降邓铁梅，邓铁梅痛斥这些民族败类，说真正的爱国者绝对不会像这些卖国贼一样。日本人想尽办法想要瓦解邓铁梅的抵抗意志，他们派出日伪军官和邓铁梅接触，有一次，邓铁梅的牢房里来了一个日本军官，这个人会说汉语，上来就说佩服邓铁梅的战斗精神，很想和他交朋友。邓铁梅置之不理。日本军官看邓铁梅不说话，又从怀里拿出一把折扇，请邓铁梅为他题上几个字。邓铁梅接过扇子来，在上面写上："五尺身躯何足惜，四省失地几时收。"写完了把笔一扔，双目怒视日本军官。那个军官捡起扇子，讪讪地退出了牢房。经过不断试探和接触，日本人在内部报告中这样描述邓铁梅："已抛弃生死之念"，"求死更重于求生"。邓铁梅在狱中吟唱岳飞的《满江红》，书写文天祥的《正气歌》，抒发自己报国壮志未酬的心情。和岳飞、文天祥两人一样，邓铁梅最终为自己的信仰而死。1934年9月28日夜里，邓铁梅在陆军监狱被秘密杀害，年仅四十二岁。

鉴于邓铁梅在东北抗日义勇军中的巨大影响力和号召力，敌人不敢对外宣布自己杀害了邓铁梅，反而编造谎言说邓铁梅是病死的，以此来掩盖他们的罪行。邓铁梅遇难后两天，伪《大同日报》发表消息说："（邓铁梅）于本月二十八日午前五时三十分，于军法处住居内，染患急性肺炎，当即毙命。"

邓铁梅英勇牺牲之后，全国各地报刊纷纷发表悼念文章，各地人民用各种形式纪念邓铁梅。《东北旬刊》评价邓铁梅"大节泣鬼神，忠义薄云天"，"其能始终于抗日救国运动生死以之如邓铁梅者，真是凤毛麟角，不数数觏，此其所以为可贵也"。1935年8月1日，中共中央发表《八一宣言》，列举了"九一八"事变之后为反对日本帝国主义侵略而牺牲的民族英雄，其中就有邓铁梅的名字。

邓铁梅创立东北民众自卫军，在极其艰难的情况下，在敌伪横行的地区，整整坚持了三年时间，沉重地打击了敌人。在复杂的斗争过程中，邓铁梅表现了坚贞不屈的斗争精神，表现了爱国主义的伟大人格，他的精神光辉与他的实际抗日工作一样，永远都会留存下去。

密苏里号战舰上日本代表签订投降协议

杨靖宇宁死不屈

1949年5月，诗人郭沫若在东北烈士纪念馆瞻仰了杨靖宇遗像后，作《咏杨靖宇将军》诗一首：

> 头颅可断腹可剖，
> 烈忾难消志不磨。
> 碧血青蒿两千古，
> 于今赤旆满山河。

河南省确山县有一个李湾村，村子西面有峰峦起伏的罗山和秀山，东面则是广阔的豫东大平原。1905年2月13日，杨靖宇就出生在李湾村一个贫苦农民的家庭。父母给他起了一个富有寓意的名字——马尚德，希望他长大后是个老实忠厚的人。杨靖宇是他后来到东北开展革命工作时的化名。

杨靖宇家里只有几亩薄田，父亲长年在地里辛苦劳动。杨靖宇五岁那年，父亲得了重病没钱医治，不幸去世。妈妈、杨靖宇和小妹妹只能投靠叔父度日。过了两年，妈妈省吃俭用把杨靖宇送进村里的私塾去读书。

1918年，杨靖宇考入确山县第一高小。1919年，中国爆发了著名的"五四"爱国运动。受到爱国思想影响的杨靖宇和同学们一起走上街头，高喊"外争国权，内惩国贼""反对巴黎和约"等口号，沿街张贴标语，号召民众抵制日货，表现出一个爱国青年投身革命的热情，通过这些行动，救国救民的思想已在杨靖宇的心中扎下了根。

1923年秋，杨靖宇考入了开封河南省第一工业学校。1925年，"五卅"运动爆发。六月一日，开封市的学生举行了罢课响应"五卅运动"。杨靖宇在南关街口向群众发表演讲：英国人在上海枪杀和逮捕我们的同胞，……我们祖国的土地还在遭受着野兽们的践踏，起来吧，同胞们！全中国人民都站起来，举起铁拳，拯救我们的祖国，拯救自己的命运。……我们再不能像这样的忍受下去了，我们再不能任凭那些帝国主义强盗屠杀了！

1926年冬天，杨靖宇成为一名正式的共青团团员。北伐战争的胜利让全国的革命形势日益高涨，杨靖宇热切地希望自己能早日投身到国民大革命的洪流之中。

1926年，北伐战争节节胜利，国民革命军攻克武汉三镇之后开始向河南进军。为响应国民革命军的北伐，党派杨靖宇回

东北抗日英雄杨靖宇

到家乡确山县发动和组织群众，支持国民革命军接下来的军事行动。母亲一看到在外求学的儿子回来了非常高兴，街坊四邻纷纷来看他，杨靖宇家低矮的茅屋里挤满了客人。杨靖宇利用这个机会，绘声绘色地把开封工人、学生示威游行，声援"五卅"运动的情况讲给乡亲们听，还给大伙儿讲国民革命军北伐的故事。一连几天，他家小茅屋里总是坐满了来听故事的人，他们认真地听着杨靖宇的鼓动宣传。有时屋里坐不下了，他就到院子里讲，最后干脆到晒粮食的场院上讲。

在杨靖宇和其他同志的努力之下，到1927年2月，确山县农民协会的会员已经有了一万多人，全县随即召开了第一次农民协会代表会，杨靖宇当选为农协主席。

1927年3月初，为迎接北伐军进入河南，确山党组织决定举行暴动。1927年3月15日，在确山县内北大街召开了确山暴动预备会议，确定了武装示威和攻打县城的具体方案。杨靖宇参加了这次会议。

4月5日，五万多武装农民从四面八方包围了确山城。攻城战斗时，杨靖宇身先士卒，顶着枪林弹雨坚持在攻城第一线。这些勇敢的战士们头顶浸过水的棉被，冲到城门口，架上柴草，烧毁了城门。城外南山上的"九节雷"土炮"轰""轰"几炮，就轰塌了城角的炮楼，轰开了一个缺口，战士们便一路冲杀进城里。

4月8日，守军无力抵抗了，趁天黑雨大，便弃城逃跑。

确山暴动成功之后，确山县召开了人民代表大会，通过民主选举，产生了河南省第一个代表工农权益的革命政权——确山县临时治安委员会。杨靖宇是临时治安委员会的三位常务委员之一。

在确山县暴动中，杨靖宇作战勇敢，同时表现出了非凡的组织领导才能，受到了人民群众的一致拥护。党支部根据杨靖宇的表现，决定吸收他为共产党员。1927年6月6日，以李则青为介绍人，在确山县福音堂后院小楼上，杨靖宇成为了一名光荣的中国共产党党员。

1928年秋，杨靖宇在一次战斗中不幸负了伤，党组织考虑到他的身体状况，决定把他调到河南开封、洛阳一带做白区工作。白区工作是在敌人的眼皮底下活动，要担很大的风险，随时有暴露的危险。但杨靖宇参加革命之后，早把生死置之度外，毫不犹豫地接受了任务。在工作中他几次被捕，但每次都凭借自己的机智勇敢，在狱中机警、灵活地应付敌人的审讯，从未暴露自己的真实身份和党组织的秘密，让敌人最后不得不释放他。每次出狱后，他又一如既往地投入到革命工作中去。党组织考虑到他已经被敌人盯上了，继续留在河南做地下工作太危险，就决定派他到东北地区开展革命工作。

杨靖宇化名张贯一，来到辽宁省抚顺。从此抚顺煤矿的夜班采煤工人中又多了一个"煤黑子"。在与工人们的接触中，杨靖宇感到了工人阶级的力量，只要团结起来就能摆脱受剥削

"五四"运动

受压迫的处境。于是他与矿工们打成一片，教育他们认识自己的困境究竟是怎么产生的，想改变现状就必须团结起来进行斗争。在他的帮助下，工人们组织起来，利用罢工等手段反对日本帝国主义的压迫和资本家的剥削。由于叛徒出卖，杨靖宇被捕入狱，但他继续坚持斗争，把狱友组织起来，同时还找来一些马克思列宁的著作，在阴暗潮湿的牢房里，借着小窗户透进的微弱光亮仔细地阅读、思考，从中汲取精神力量。

　　1932年5月，杨靖宇出狱之后，中共满洲省委派他到沈阳任奉天特委书记。后来省委军委书记周保中要去牡丹江一带工作，党组织决定，由杨靖宇接替周保中的工作，任满洲省委军委代理书记，负责指导哈东、南满抗日游击运动。交接工作的时候，杨靖宇和周保中进行了彻夜长谈。周保中对杨靖宇说："与君相处几个月，胜读马列多年书。"杨靖宇则说："我们是反对旧礼教的，但是可以这样理解，把'天之将降大任于斯人也'，改作'劳动人民之寄望于共产党，党之寄望于共产党员也，必先苦其心志，饿其体肤，劳其筋骨，行拂乱其所为'。那些在革命斗争中经不起考验而临阵脱逃的，有如朝露，见阳光即散失，有如秋草，经风霜即枯萎。一个普通的人都应讲求富贵不能淫，贫贱不能移，威武不能屈，何况是共产党员呢？党员对党的革命事业必须具备'鞠躬尽瘁，死而后已'的精神。"

　　从此，杨靖宇开始直接领导东北抗日武装斗争，一直到他壮烈牺牲。

1932年11月，杨靖宇打扮成一个商人，在交通员老刘的陪同下，乘火车从哈尔滨到吉林，又南下去磐石寻找游击队。

杨靖宇的到来，给当时处于困境中的磐石游击队带来了信心和力量。游击队员们第一次看见他，就觉得他是一个可靠的领导人。杨靖宇待人接物和蔼可亲，而观察事情又十分深刻敏锐。游击队员们都十分敬爱这位领导。他经常组织召开党小组会，耐心听取队员的意见和要求。在会上，杨靖宇指着快要熄灭的油灯说："没有根据地，就像没有家，我们是磐石人民的子弟兵，在这里土生土长，不要做没有油的灯芯。"经过杨靖宇的努力工作，队伍发展到一百六十多人，战斗力也有了很大提高。

中共磐石中心县委在工作报告中说，杨靖宇担任政委后，游击队"战果显著"，"大大扩大了政治影响，队伍日益发展"。当地群众亲切地将这支队伍称为"杨司令的队伍"。

1933年9月18日，杨靖宇主持在磐石县玻璃河套召开了南满游击队干部联席会议，会上宣布东北人民革命军第一军第一独立师正式成立。杨靖宇任师长兼政治委员，李红光任参谋长，宋铁岩任政治部主任。会上发表了《东北人民革命军第一军第一独立师成立宣言》，在宣言中庄严宣告：独立师是东北人民的武装力量，要"为驱逐日本一切海陆空军出满洲，恢复东北而战；为中国民族独立解放与国土完整而战；为推翻满洲

"五卅"运动

国统治，建立民众自己的政权而战，为东北三千万民众的利益而战"。

东北人民革命军第一军独立师的建立和发展壮大，令日本侵略者非常不安。日本关东军司令官菱刈隆大将就愤怒地叫喊："杨靖宇执拗反日，造成皇军心腹大患，南满地区势必成为治安肃正重点。"于是日军集中了东北的兵力向南满发动长达四十天的大规模的围剿，妄图利用兵力和武器装备上的优势，一举消灭独立师，彻底解除以玻璃河套为中心的抗日游击根据地的威胁。

从10月1日开始，日伪军共计12000人向游击区疯狂进攻。日军推行惨无人道的"三光"政策到处烧杀抢掠。只要精神一点的农民，都被残杀。根据敌强我弱、兵力悬殊的实际情况，为保存革命力量，独立师司令部决定由师部、政治保安连、第三团渡过辉发河到辽宁省东边道地区开辟新的游击区。

这一地区是伪军头子邵本良的地盘。邵本良原来是柳河地区一个土匪头子，日本帝国主义侵占东北后，他就成了日军的忠实走狗，此人诡计多端，一听杨靖宇率游击队来到这里，就想与游击队较量一番，日本指挥官提醒他："杨靖宇不是好惹的，你要多加小心！"邵本良却说："就算他有三头六臂，也要叫他知道我的厉害！"

杨靖宇分析了当地的形势，了解了邵本良的具体情况，决定采取声东击西的游击战术。他指挥部队不固守一城一地，而是在运动中消灭敌人的有生力量，不断调动敌人，这让在后追赶的邵本良部队筋疲力竭。几天之后，邵本良仍然看不见杨靖宇部队的影子，自己手下的兵都已经走不动了，只好向日本主子求援，日军立刻派出两千多人加入到围追杨靖宇的行动中。

这天早上，杨靖宇正在考虑从哪个方向带领部队从围攻的日伪军队中突围出去。突然，哨兵带来一个刚刚抓到的人，说是邵本良的传令兵，杨靖宇问哨兵："是从哪儿捉到的？"哨兵说就在村外的大路上，身上还有一封信。杨靖宇拆开一看，信原来是邵本良写给一个营长的，信里说杨靖宇可能会从这个营长驻防的地区突围，要他防守好阵地，邵本良会调动更多兵力来支援这个营。足智多谋的杨靖宇在帐篷里走来走去，然后说："这封信里有古怪！"他看出这封信是邵本良的花招，信中说的兵力弱的地方恰恰是敌人"重兵把守"的地方，决不能中邵本良的诡计。杨靖宇决定将计就计，向敌人"重兵把守"的方向突围，果然成功。第二天，在敌军毫无准备的情况下，杨靖宇率领战士们袭击了敌军重要据点凉水河子。凉水河子战斗的胜利，为杨靖宇的独立师一下子解决了一个冬天的军需物资，沉重地打击了邵本良。邵本良听到这个消息，一下子瘫倒在椅子上，嘴里不断地念叨："杨靖宇呀，杨靖宇，这次我算栽在你手里了！"

日军指挥官指着邵本良的鼻子说："大大的混蛋，杨靖宇比你聪明十倍！"邵本良也十分丧气。杨靖宇在战斗中机智勇

东北抗联战士

敢，表现了一个指挥官的卓越军事才能，他带领的独立师连战连胜，声威大震。南满地区许多其他抗日武装力量纷纷表示愿意接受独立师领导。

1934年11月7日是俄国十月革命胜利十七周年纪念日，就在这一天，中国共产党领导的东北人民革命军第一军正式宣告成立了，杨靖宇担任军长兼政委，下设两个师和一个教导团。第一军在杨靖宇的指挥下十分活跃，部队上下一心、奋勇杀敌、多次击溃日伪军，缴获大量的枪支、弹药、军需物资，先后攻占了十多个城镇，多次粉碎日伪军的"大讨伐"。

在东北的老百姓看来，杨靖宇领导下的东北人民革命军，"是真正彻底反日的，是保护劳苦群众的，是穷人自己的队伍，所以广大劳苦群众热烈欢迎与拥护。"每当杨靖宇带队伍到了一个村子，老百姓们就说咱们自己的队伍来了。有上了年纪的老人还给杨靖宇叩头，说："你是救国将军，只有行这样的大礼，才能表示出我们对你的敬意！"妇女们送儿子或丈夫参加队伍时都说："到杨靖宇那儿去，比在什么地方都放心。"杨靖宇领导下的抗日队伍和当地老百姓建立了密不可分的鱼水关系，这是战斗胜利的重要保障。

1936年春，中国共产党领导下的东北抗日军队统一改称为东北抗日联军。杨靖宇领导的东北人民革命军第一军改编为东北抗日联军第一军，杨靖宇任军长兼政治委员。杨靖宇对全体指战员说："我军处于日军侵略华北的后方基地，又是内地

哈尔滨旧景

抗战的前哨，每一个忠诚的共产党员、共青团员、爱国志士，必须贡献最后一滴血来绊住敌人，打击和消灭敌人，长期苦斗下去，胜利一定属于伟大的中国人民。"长期的风餐露宿让杨靖宇的脸上早有了皱纹，眼睛里也有不少血丝，但他的声音坚定，带给人无穷的力量。听到他的讲话，全军指战员深受鼓舞，人人摩拳擦掌，决心为反抗日本侵略者、收复东北失地而英勇战斗。

东北抗日联军建立后，东北的抗日斗争又进入了一个新的阶段。杨靖宇很快率领部队投入到战斗中去，他们一路勇猛杀敌，以顽强的斗争精神彻底粉碎了日伪军队的"冬季大讨伐"。为了集中力量、加强指挥，杨靖宇和中共南满省委书记魏拯民在金川河里地区召开了东、南满省委代表和抗日联军第一、二军的高级干部会。会上将抗联一军和二军合编为东北抗日联军第一路军，杨靖宇任总指挥和政治委员。从此他领导这支队伍活跃在东北广大地区，不断打击日本侵略者。

1937年中国人民全面抗战开始。抗联一路军派出一师主力西征，向辽宁本溪、兴京进军，想从营口以北的地区强渡辽河。为了防止东北和华北抗日队伍连成一片，河上的船只早就被日伪军沉掉或毁掉，当时辽河又正在涨水期。西征部队一到河边就被敌人发现，敌人立刻集结了三个师的兵力前来围攻抗联的队伍。抗联部队被迫停止西征，向东挺进。部队东进途中与日伪军在摩天岭遭遇，发生了激战，猛烈的炮火发出了震耳

周保中

欲聋的轰响，抗联战士们死死地咬住敌人，打得十分顽强，最后击毙了日军金田大尉等共八十多人。

考虑到抗日斗争的艰巨性和复杂性，杨靖宇选择人迹罕至的深山密林，建造了不少"密营"，作为抗日队伍的后勤给养基地。所谓"密营"，是一种低矮的房屋，先向地下挖个一二米深，周围再用原木垛成墙，外面有木栅栏，里面有土石炕，可生火取暖。密营一般配有避弹洞、地堡、交通沟、岗哨掩护所，还可以成为被服厂、临时医院，印刷所、修理所。密营大小不一，大的可容纳三四百人。密营大多在高山腹地繁茂的森林里，既不易被敌人发现，又便于观察外面的动向，是部队休整过冬的理想场所。

杨靖宇充分利用密营进行休整，而日伪尽管调集大批兵力，费尽心机，却往往抓不到抗联的踪影。杨靖宇依靠密营和灵活的战术，牵制了日军大量兵力。密营同时也是抗联战士学习训练的课堂。1936年冬至1937年春，杨靖宇和抗联一军在密营休整。这期间，杨靖宇经常亲自给战士们讲抗日道理，讲解具体战术。有时，他还会拿出《共产党宣言》，向战士们作详细的讲解。

日伪军面对抗日联军的活跃，不断加大军事进攻和经济封锁的力度，虽然有密营，依然给抗日联军造成了极大的困难，不断有战士受伤和牺牲。

1940年2月，一个寒冷的早上，在一座隐蔽的山坳里，地上有用树枝搭起的低矮的小棚子。棚子后面的高岗上长着几株挺拔的松树。一个身材高大的汉子，正站在高岗上，凝视着一片白茫茫的群山和莽林。威名远扬的东北抗日联军第一路军总司令杨靖宇将军，正在努力思考如何摆脱目前的困境。

日伪军的这一次进攻分外漫长而残酷。分散突围之后，杨靖宇身边只剩下六七名战士，连他自己在内，身上都受了伤。这些天来，他带领抗联战士爬冰卧雪，只靠树皮、草根、雪水充饥。

现在经过几次战斗，只剩杨靖宇自己一个人，但他依然坚持战斗。2月22日，长白山风雪漫天，气温下降到零下四十度。杨靖宇穿着单薄的衣裳，已几天没有吃的了，又冷又饿，生了病的身体非常虚弱。他来到濛江县城西南保安村前五里地的三道崴子，在山坡上过了夜，寒夜中他冻得浑身发抖，天还没亮又动身转移，寻找大部队。

23日清晨，杨靖宇被敌人的一个坐探发现了。杨靖宇感到敌人很快就要来了，立刻向山下跑去，跑出一里多路之后，他停下来把随身携带的文件都烧掉了，免得落入敌人之手。他已经做好了最坏的准备。那个坐探发现了杨靖宇的行踪后，立刻跑到保安村向特务报告，特务又通知了濛江县的伪警务科。日伪军立刻集结了兵力，开着车向保安村冲来。他们顺着杨靖宇的脚印追赶，最后把杨靖宇包围在了森林里。

杨靖宇发现敌人后并不慌乱，他双手举枪向敌人射击，

伪满洲国"国务院"

边打边退，一直退到一棵大树下，利用大树掩护向敌人猛烈地射击。敌人见只有杨靖宇一个人，纷纷叫喊着："投降吧，你跑不了了！""投降吧，杨靖宇！投降可以让你做东边道司令！"

杨靖宇一边向敌人开火，一边高声地向敌人喊道："共产党员宁死不投降！"又有几个敌人倒下去。敌人知道杨靖宇是不可能投降的，也不可能活捉，于是组织猛烈的火力，不断地向杨靖宇围攻过去。杨靖宇一个人与几百个敌人战斗了二十多分钟。面对杨靖宇的威武不屈，敌人也动摇了，在这位视死如归的共产党人面前，他们显得那样渺小。

杨靖宇枪里的子弹不多了，他用一阵猛烈的射击逼退日伪军，高声喊道："抗日联军万岁！中国共产党万岁！"日军用机枪向杨靖宇射击，杨靖宇身中数弹倒下了，他的鲜血染红了中国的大地。

敌人杀害了杨靖宇后，在报纸上大肆宣传："杨靖宇部已被肃清"、"怨敌杨靖宇射杀！"同时得意忘形地向日本天皇报告："抗日力量从此可以绝灭。"日军司令特别宣布所有"讨伐"杨靖宇的部队放假三个月。杨靖宇的遗体被日军用卡车运回濛江城，停放在伪通化警察本部。24日上午，日军命令民众医院院长剖腹化验，企图找出杨靖宇坚持那么长时间都吃了什么。杨靖宇的肠胃里没有见到粮食，只有树皮、草根和棉絮。在场的所有日本军人震惊万分。这些侵略者永远想不到中国人民有着怎样威武不屈的精神，而杨靖宇就是其中的杰出代表。

　　1946年，为了纪念抗日民族英雄杨靖宇，杨靖宇生前英勇战斗过的地方——濛江县，被改为靖宇县。通化市各界群众在杨靖宇殉国六周年的日子里，举行了杨靖宇等革命烈士的追悼大会，与此同时靖宇县也召开了追悼会。

后记

东北抗日义勇军是在特殊历史条件下，东北人民自发组织的抗日武装，他们不是正规军，没有统一的番号。但是东北抗日义勇军中千千万万普通的士兵，以及许许多多献身抗日事业的英雄，他们的精神惊天地、泣鬼神。周恩来同志曾经发表文章《日本帝国主义占领满洲与我们党当前任务》说："救国义勇军的组织已成为工农劳苦群众的普遍要求，我们要领导工农及一切被压迫民众自己组织武装的救国义勇军。"东北抗日义勇军的出现，一方面是日本对华侵略日益加重的必然结果，一方面是中华民族民族精神的光辉绽放。中华民族的人格精神，每每在民族的危亡时刻，在民族救亡图存的过程中，淘汰渣滓，留下真金。

东北抗日义勇军的战士们，大多数都是普通的工人、农民、学生、警察和下级军官，他们没有空洞的口号，只有一腔报国的热血。

今天重温东北抗日义勇军的爱国主义精神，我们可以从中受到很多启发，今天学习实践社会主义核心价值观是青少年的必要一课。学习实践社会主义核心价值观，就要汲取有益的精神养分，东北抗日义勇军的爱国主义精神就是其中之一，在民族危难的时刻，这种精神发挥了不可替代的作用，在今天新的时代条件下，依然值得我们深思和学习。